2012 广州卷

中原地产红皮书

CENTALINE PROPERTY REDBOOK

中原集团研究中心 著
广州中原研究部

中国建筑工业出版社

内容提要

本书以第一手的数据资料及调研资料，全面而系统地介绍分析了2011年全年和2012年上半年广州房地产市场的整体概况，以及政策环境、行业格局、土地市场、住宅市场、写字楼和商铺市场等各个细分市场的发展与变化。此外，本书对广州房地产市场在此期间多个热点专题进行了深入解读，包括标杆房企在广州的发展情况、广州南站推地效果分析、广州新房市场降价轨迹、“限购”后市场成交的变化趋势、珠江新城20年发展历程以及对广州地下造城运动发展分析。本书可对房地产专业人员分析研究市场环境、洞悉市场热点起到借鉴作用，对普通大众的投资置业行为也具有较强的指导意义。

序

顺应调控 适者生存

中国房地产业发展的10余年间，政府的调控政策从未如2011年般严厉和持久过。虽然已经历了2008年的洗礼，但许多房企依然对调控的思路缺乏足够的认识，对调控的挑战缺乏足够的应对。大浪淘沙始见金——无论是开发商还是经纪公司，这一年多来，成功的不易，艰难的不少。

对调控的认识方面，部分开发商一开始还对本轮政府调控的决心和政策可能持续的时间持怀疑态度，通过减少拿地、节省现金、放缓开发、推迟出货等方式，意图等来政策环境宽松的机会，结果等来的却是2012年更大的被动。调控政策从一开始，就是用时间换空间，保障房计划的落实依然任重而道远，所以估计房地产调控很有可能是一种常态，未来可能会有措施的调整，但抑制投资和投机，支持自住的原则和方向不会改变。从2012年7月份开始，从中央到地方，对楼价的调控目标已经从原来的“促进房价合理回归”转变为“防止房价反弹”，这说明无论是从决策的主观目的上，还是经济、社会的客观需要上，避免房价的大起大落才是各方共赢的首选，如果未来楼价能保持基本平稳，而居民收入稳步增长，实现楼价经济问题的“软着陆”，楼价的社会问题也会逐渐解决。

顺应调控，适者生存。在此轮调控中，有些企业离开了房地产；有些还在坚持，但危机依在；有些房企主动实行从住宅到商业的发展战略调整；有些房企实行以价换量、薄利多销的战术。从目前来看，以价换量取得了阶段性的成果；从长期来看，商业开发的加大，成功与否还待时间的检验。从各地政府部门年检情况来看，2011年“消失”的房企数量不少；2012年4月，杭州金星、杭州锦绣天地、广东顺德广德业等数家房企破产，更是引起广泛关注。目前出现状况的大多是中小房企，发展成“倒闭潮”的可能性不大，但大房企断臂求生的例子也有，浙江绿城就是代表，所幸最终化险为夷。

适者生存，不仅仅是开发企业，休戚与共的房地产经纪行业同样如此。2011年地产经纪机构也经历了一次整合，既有众多小中介的歇业，也有大经纪公司战线的收缩——美联物业退出上海二手房市场，易居试图收购21世纪中国不动产则体现了对发展模式的探索。中原地产有着享誉行业的成功经验，也积极针对形势的变化而与时俱进。在广州，广州中原在坚持没有裁减网点、员工的前提下，积极调整策略，2011年依然实现了业务增长和盈利目标，被中原集团誉为“逆市飞扬的先锋团队”。

广州中原在巩固二手业务领先地位的同时，积极向商业市场和一手代理市场深挖。2011年，广州中原顺应住宅受限、商业投资升温的市场需求，代理了盛贤国际、前汇饰品交易广场、先达数码港等众多大型商用物业，不仅帮大业主借机快速消化了库存，也满足了市民的投资需求，更拉动了公司年度整体业绩的逆市增长。在一手住宅市场，我们立足代理环节来和开发商共度难关，凭借对政策的透彻理解、对市场的准确判断、对操盘手法的创新，制造了一个个淡市热销的楼盘，例如“和记黄埔•珊瑚天峰”、“新鸿基•御华园”、“珠江地产•罗马家园”、“中惠•璧珑湾”等，使得广州中原在一手代理市场的占有率和口碑大大提升。2012年，广州中原和各大开发商的合作层次、合作项目进一步提升扩大。

时间已至2012年9月份，市场成交经历了前几月的明显回暖，许多开发商的资金压力有所缓解，降价的必要性明显减弱，拿地的积极性明显提升。我们也对未来的房地产市场审慎乐观一乐观，大众对改善居住的需求还将维持较长一段时期；审慎，政府对市场的调控短期不会大转向。一个稳健、有序的市场，需要政府、房地产相关企业、购房者三方共同维护，在此借《中原红皮书》与大家分享过去一两年，我们对政策的认识、对市场的思考、对经验的总结，助大家都成为调控之下的受益者！

黄轩明

广东中原地产代理有限公司董事总经理

2012年9月

目录

城市

楼事

数据

第 13 章 地产数据

公司

附录
图表目录

插图目录

表格目录

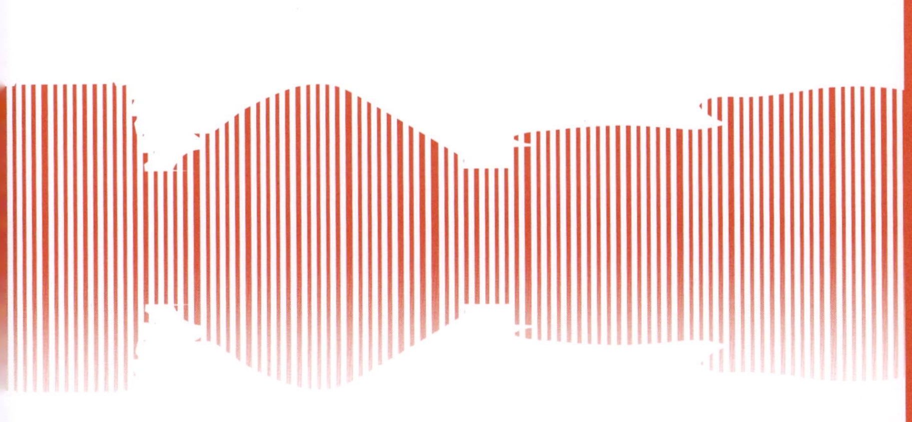

城市 Market

穗

广州

调控背景下市场主体各显其能

土地供应放缓 成交陷入低谷

调控峰回路转 ——手住宅成交柳暗花明

二手住宅成交升温 租赁活跃

办公物业供求活跃 租金价格平稳增长

商铺供求收缩价格走高 购物中心首登舞台做主角

第 1 章 调控背景下市场主体各显其能

始于 2011 年 1 月（以“新国八条”为标志）的本轮房地产调控在 2012 年达到高潮。这期间广州楼市各主体博弈加剧，如何应对调控成为各方策略重点。2012 年 5 月在宏观经济的压力下“稳增长”目标提出，一系列扩大投资、拉动内需的措施出台，但中央依然屡次重申房地产调控的坚定性。地方政府在执行调控和实现 GDP 增长之间小心翼翼争取平衡，纷纷进行地方政策的微调，大多顺利过关，亦不乏半途而废之举。广州未出台特别的新政，但市场各方对全国各地的政策动态依然关注。

1.1 政府推地放缓 宣传加大

随着住宅市场降温，房企资金链拉紧，拿地积极性明显下降，政府推地节奏也随之放缓。2011 年迎来土地供应高峰，成交宅地总建筑面积同比上升 11%，土地成交价款却同比下降 40%。成交热度大减，土地拍卖会“中止”现象频现，出让地块则多以底价成交。2012 年政府推地节奏明显放缓，其中上半年住宅用地供应量仅是年初计划的 15%，成交总建筑面积同比下降 17%。同时，推地策略上也有所转变，开始逐步向商办用地倾斜，住宅用地供应计划环比大减 24%，而商办用地环比大增 47%。

在淡市中，面对当前房地产市场的不利形势，政府主动出击，土地推介力度明显加大。2011 年 6 月，广州举行大规模土地推介会，南站作为土地出让的重头戏，为了吸引开发商积极加入开发，随后 10 月大张旗鼓到香港推介。2012 年 6 月，政府再办高规格的土地推介会，继续力荐南站、广氮新城等，而新兴的国际金融城的规划和概念也提早向市场推出。

1.2 房企降价求生 转战商业

受业绩下滑压力影响，住宅“以价换量”成为房企首要战略。2011 年末迎来了第一波降价潮，降价的星星之火在市中心的核心地段点燃，市区的学位盘、高价盘等引领降价。2012 年初降价范围再扩大，从点扩散到面，市区的高端盘到郊区的刚需盘纷纷加入降价阵营，其中不乏保利、恒大等龙头房企的身影。此轮降价的深度和广度是历轮调控史上少有的、名副其实的比较普遍性的降价。

住宅市场遇阻，房企战略逐渐转型，目光纷纷投向商业地产。作为此轮调控下的“避风港”，房企的商业地产项目收获颇丰。写字楼供应放量，成交大增，2012 年上半年成交量同比增长 13%。珠江新城成交依然独占鳌头，而南部的琶洲、万博中心两大商圈也成为房企的重要战地。在住宅限购的枷锁下，不限购不限贷的公寓产品则成为交投热点。商铺也备受青睐，购物中心遍地开花，成为开发主流，外围城区居住氛围的逐渐成熟，迎来了商业发展的高潮，万博中心成新宠。另外，在土地储备上，不少房企也开始增加商业用地比例，如万科、恒大、保利等。

1.3 业主惜售 短暂降价

一手住宅领先降价，使前几年的房价快速上涨势头明显放缓。2011 年广州全市均价为 12725 元 /m^2，同比上涨 2.6%，远低于上一年的涨幅；2012 上半年，全市均价为 12704 元 /m^2。资金压力分散的二手业主，心态则相对强硬。从中原领先指数来看，2011 年同比上涨 16%，相比一手则明显强势。从整体上来看，业主惜售比较普遍，2011 年下半年市场盘源量持续下降，2012 年略有回升，但始终处于相对紧张的态势。

2011 年 12 月至 2012 年 2 月间，受一手降价影响，周边同类型二手房销售压力增加，甚至局部出现一、二手价格倒挂，二手住宅成交价终于出现了阶段性下调，但明显不及一手房打折力度。业主心态略有转弱，议价空间扩大，但没有变现压力的业主面对买家的大幅压价挂起“免战牌”，出现惜售、转售为租，或是推迟“卖一买一”的换房计划。2012 年 3 月开始市场气氛逐渐好转，业主对后市信心重建，提价和反价的现象再现，但与此同时惜售现象又明显再增。

1.4 买家观望 伺机出手

持续调控的市场环境下，买家观望心理始终存在，只是各阶段的程度不同。2011 年全市一手成交量同比上升 7%，但与调控前的 2009 年相比大降 3 成以上；2012 年上半年同比下降约 25%，成交量明显下滑。二手住宅成交方面，2011 年同比下降 27%；2012 年上半年二手房成交量较 2011 年下半年下降 33%，相比 2011 同期下降 50%。

不少购房者搁置了置业计划，宁愿选择租房观望。尤其是 2011 年下半年市场成交低迷，媒体对降价大肆报道，这使得买家对于房价下降的预期强烈，购房需求难以释放。一手市场每月全市整体开盘首日消化率大部分都维持 50% 左右的低位水平。二手买家入市意愿也明显下降，看楼积极性持续走低，决策放慢，成交周期明显拉长。2011 年末房企的促销战硝烟四起，“低价开盘”策略已略现成效，首日消化率逐渐从低位回升，6 月达到了 60% 的正常水平。一手促销项目成为成交热点，以首次置业为先锋的买家开始入市，伺机出手抄底；二手买家信心也增强，看楼明显积极，决策更加果断。

第2章 土地供应放缓 成交陷入低谷

2011 年迎来土地供应高峰，土地成交加速，但楼市低迷，土地溢价现象已大减。进入 2012 年楼市调控力度扩大，上半年住宅用地供应总体趋势从紧。大型房企在淡市中寻求新突破，优质商办用地面市抢眼，广州新“地王”诞生。为土地的高效利用，闲置土地管理再收紧，《闲置土地处置办法》2012 年 7 月 1 日起施行，土地闲置满一年按地价 20% 征闲置费。

2.1 楼市降温 土地供应规模萎缩

2011 年广州市供应居住用地 267 万 m^2，完成年初计划的 79%。整体来看，上半年处于淡市，下半年供应大增。

2012 年上半年供地 38 万 m^2，仅是年初计划的 15%，节奏较去年同期明显放缓。在供应远未赶上计划的窘境下，国土部在年中表态“加快居住用地的有效供应，助力稳增长”，在住宅市场逐渐回暖的背景下，预计下半年将迎来土地供应高潮。

图 2-1 广州市商住用地供应情况（2007 年 1 月—2012 年 6 月）

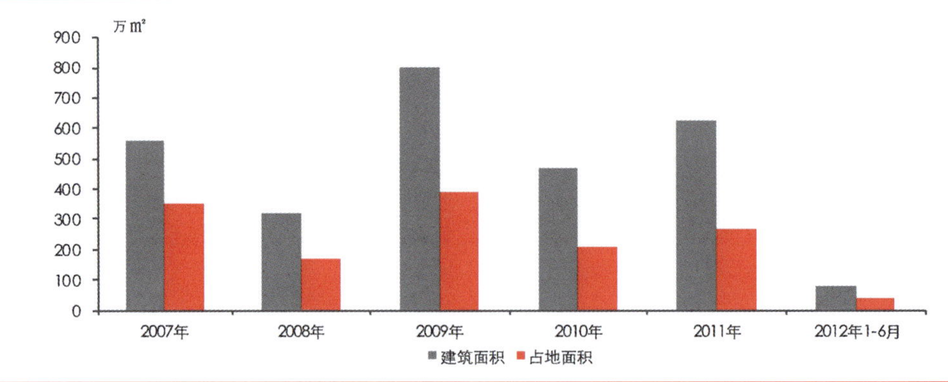

数据来源：广州中原地产数据库

2.1.1 中心区持续收紧 外围是供地主力

广州居住区域向城市外围逐步扩张，中心六区供应份额逐年下降。2011 年中心六区供应住宅用地大减，可建面积 168 万 m^2，较 2010 年下降 19%，份额也由 44% 骤下降至 27%。与此同时外围供应大增，可建面积达 454 万 m^2。

2012 年上半年全市土地供应总量下降，外围供应也随之萎缩，总供应量同比下降 23%，而其所占份额继续呈上升趋势，增至 83%。

图 2-2 广州市商住用地供应面积分布（2007 年 1 月—2012 年 6 月）

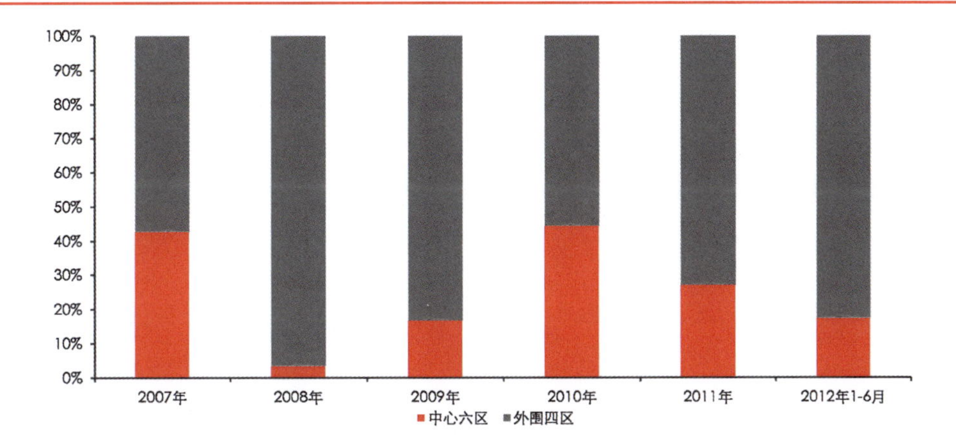

数据来源：广州中原地产数据库

2.1.2 市区土地稀缺 出让底价直升

中心区近年出让楼面地价上升的趋势明显，尤其是热门成交地段。2011 年，市区生态片区芳村高尔夫地块、近年新盘集聚的番禺桥南地块成交价快速飙升，起始楼面地价升幅达 30%~40%；市区重点打造的功能区广氮地段，出让底价上升幅度达 60%；备受关注的单价地王保持者白云新城，出让楼面地价上升更近 1 倍。2012 年，如广氮地段地块等，出让底价再度面临上升。

图 2-3 广州市商住用地出让底价（2007 年 1 月—2012 年 6 月）

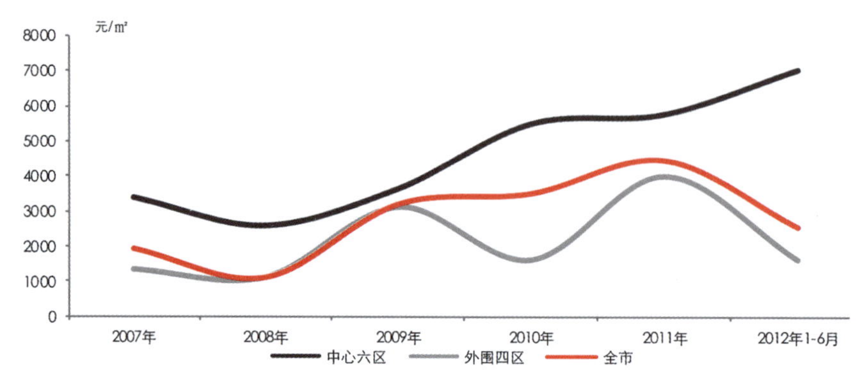

数据来源：广州中原地产数据库

2.1.3 市区土地稀缺 双竞模式首度试水

中心区房屋抗跌性强，成为严厉的调控组合拳之下大部分置业者的首选区域。广州中心区可供出让土地已日益减少，2011—2012 年间推出的优质地块备受关注。

2011 年上半年广州创新推出“限地价、竞配套”的土地出让方式，2012 年上半年首次成功实践。黄埔大道坚红化工厂地块，现场经过 53 轮竞价、13 轮竞配套，最终由自然人以 52602 万元配建 130 套公租房夺得。

2.2 房企拿地谨慎 土地成交放缓

2.2.1 成交量出现明显萎缩

2011 年广州市成交住宅用地 207 万 m^2，总建筑面积 469 万 m^2，同比上升 11%；土地出让总成交价款 166 亿元，同比下降 40%。在土地供应量飙升的带动下，2011 年成交面积出现增长，但热点成交地块明显减少。

进入 2012 年上半年，土地市场成交明显放慢，上半年共出让土地 52 万 m^2，总建筑面积 114 万 m^2，同比下降 17%。一方面，2011 年下半年后住宅市场降温，房企资金链拉紧，2012 年上半年房企拿地积极性明显下降；另一方面，土地供应节奏放慢，供应量十分有限局限了需求的释放。

图 2-4 广州市商住用地成交情况（2007 年 1 月—2012 年 6 月）

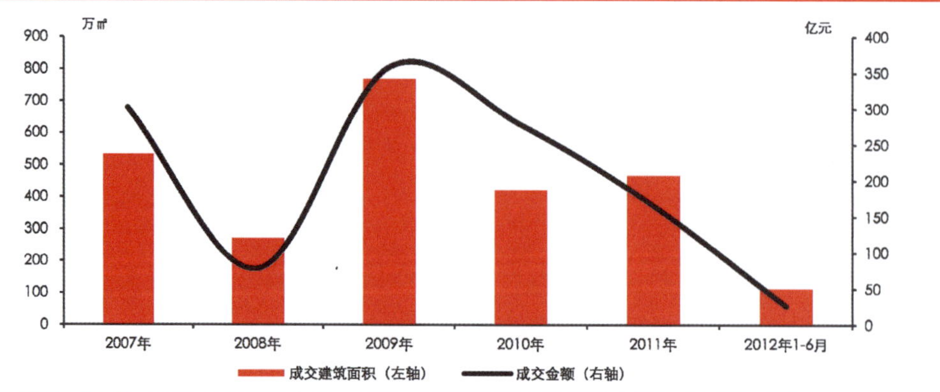

数据来源：广州中原地产数据库

城市 Market
楼事 Story
数据 Data

2.2.2 底价成交多 溢价率下降

2011年尽管土地有较高的销量，但溢价成交率已明显降低，2011—2012年上半年，土地市场处胶着阶段，66% 的地块底价成交。

同时，土地溢价幅度陷入 2007 年以来最低位，中心区作为市场热点区域，但出让的地块少见溢价，溢价幅度也大大小于往年。从成交楼面地价来看，2012 年上半年单位面积平均出让价为 2279 元 /m²，比 2011 年的 3541 元 /m² 下降了 36%。

图 2-5 广州市商住用地成交溢价幅度（2007—2012 年 6 月）

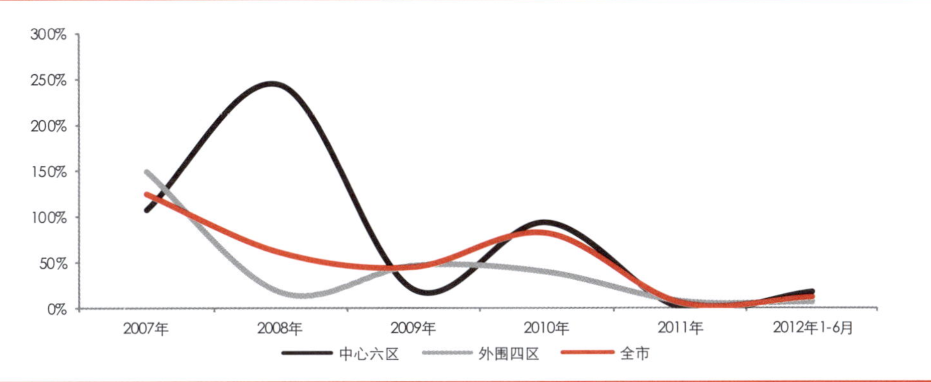

数据来源：广州中原地产数据库

2.3 土地市场成交三大特点

2.3.1 热点地块低身段成交

市场气氛不佳，以往受追捧的地段成交变冷，高价成交地块大大减少。2010 年热炒的白云新城拍出“地王”，芳村高尔夫地块知名房企争相进入。在 2011 年成交中，上述地段土地价格均大幅下降；同样受到巨头争抢的广氮地段更出现流拍。南站地块是 2011 年政府重点推荐的功能区，但当年出让屡遭中止，在 2012 年亦升温有限。

广州市热门地块成交情况（2010 年 1 月—2012 年 6 月） 表 2-1

热门地段	2010 年	2011 年	2012 年上半年	特点总结
白云新城地块	保利、中海进驻：最高溢价 185%，楼面地价 20605 元 /m²	万科底价拿地：楼面地价 13536 元 /m²	未有推出	成交价大降
芳村高尔夫地块	保利、中铁进驻：最高溢价 135%，楼面地价 5500-7500 元 /m²	保利底价拿地：楼面地价 4407 元 /m²	未有推出	成交价大降
天河广氮社区	深圳天健进驻：溢价 69%，楼面地价 8124 元 /m²	推 2 宗居住用地遭流拍，推 1 宗商办用地终中止	未有推出	流拍
广州南站	—	推出 29 宗，24 宗中止	推出 3 宗，2 宗溢价，幅度均小于 10%	升温有限

数据来源：广州中原地产数据库

2.3.2 南沙崛起 成外围争抢焦点

在土地市场成交热度较低的局势下，外围市场的表现格外耀眼。2011 年至 2012 年上半年南沙共成交住宅用地 12 宗，占全市成交总宗数的 32%，地块以中小规模为主。其凭借良好的区位优势受到了知名企业的关注，其中南沙城建、南沙城投、碧桂园等市场份额再次扩大。

广州市各区溢价成交情况（2011 年 1 月—2012 年 6 月） 表 2-2

区域	溢价成交率		平均溢价率	
	2011 年	2012 年 1—6 月	2011 年	2012 年 1—6 月
白云区	50%	0	1%	0
番禺区	25%	0	1%	0
荔湾区	50%	—	0	—
萝岗区	33%	0	4%	0
南沙区	38%	75%	17%	16%
越秀区	0	—	0	—
天河区	—	100%	—	45%
花都区	—	0	—	0
海珠区	—	—	—	—
黄埔区	—	—	—	—

数据来源：广州中原地产数据库

2.3.3 商办用地淡市出亮点 地王直捣楼市

2008—2010 年商办用地供应紧俏，2011 年供应态势出现突破，供应建筑面积达 376 万 m^2。成交也随之大升，建筑面积同比上升 25%。2012 年外围大规模商办用地出让放缓，供应建筑面积出现大降，而市区高价地的成交拉升了土地总出让金，上半年成交金额达 27 亿元，同比上升 26%。

相比居住用地市场，商办用地表现更胜一筹。住宅市场的严厉调控不仅带动了商办项目的热销，同时也带动了开发商对于商办用地的关注，市区优质的商办用地出现不低的溢价。

个别优质地块面市抢眼，例如珠江新城诞生了“地王”。珠江新城 D4-B2 地块创造了一个卖地新高潮，并正式晋升广州新“地王”——楼面地价 32968 元 /m^2。经 227 轮竞价，最终由恒大以总价 132200 万夺得，溢价率 170%。这是恒大地产继开发金碧华府、收购佳兆业大厦后，在珠江新城的第 3 个项目。

此外，万科地产在王石时代以“专注住宅”而闻名并成功，但近年郁亮接手万科后更加注重开发商业地产，万科在广州首次拿下商业地块——天河软件园高唐地块，溢价率 25%，折合楼面地价 4580 元 /m^2。

图 2-6 广州市商办用地成交情况（2007 年 1 月—2012 年 6 月）

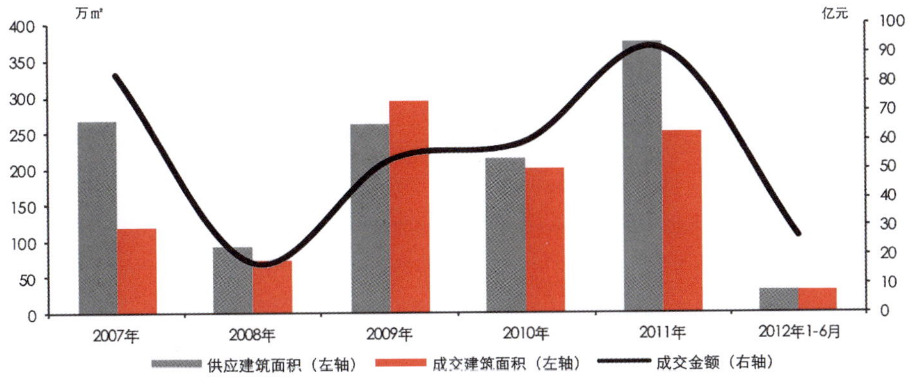

数据来源：广州中原地产数据库

2.4 推地速度有望加快 外围份额仍会扩大

2012 年下半年推地节奏有望加快，2013 年总体供应量或会回升至较高水平。未来供地依然会以外围为主，且所占份额会继续加大，开发区、南沙等会成为新推地的集聚区域。中心区中，三旧改造地块是吸引众多大房企的重点之一。同时，近年功能区建设加速也是市区优质地块的重点供给范畴，琶洲、南站、广氮社区、白云新城等片区将继续有地推出，而新兴的国际金融城等地块也会陆续推出。

从出让方式来看，勾地制度会逐步完善，“限地价、竞配套”的出让模式会继续推进。保障性住房建设力大加大，住宅用地出让配建公租房或会成为以后出让的大方向。

另外，《广州市城乡规划技术规定》2012 年 7 月 1 日起实施，这或会促使国土部门在出让门槛设置上有所变化，如降低容积率、增加配套设施面积等。

第 3 章 调控峰回路转 一手住宅成交柳暗花明

始于 2011 年 1 月（以“新国八条”为标志）的本轮房地产调控抑制了投机投资性需求，市场反应在 2012 年达到高潮。买卖双方博弈的僵局促使开发商采取更合理的定价策略，2011 年 12 月几个市中心楼盘大幅降价。此次降价与往年不同，星星之火从市中心核心路段点燃。随后的 2012 年上半年一系列政策利好不断释放，例如下调存款准备金率、降息、提出经济“稳增长”、房贷利率 8.5 折等，再配以开发商降价策略的催化，2012 年上半年广州楼市逐渐走出低谷趋向回暖。

3.1 供应先降后升 大户型占比增加

广州一手住宅新增供应量在 2008 年达到最高峰；2009 年由于亚运会前施工放缓使供应减少；2010 年受超大盘亚运城集中上市影响供应量超过 700 万 m^2；2011 年全年供应面积为 688 万 m^2，同比下降 8.3%，比高峰期 2008 年水平下降 15.1%。

2012 年 1—6 月新增一手住宅 24734 套，同比减少 1.2%；新增供应面积 308 万 m^2，同比增长 13.7%。说明大户型供应增加明显，尤其集中在天河、海珠、番禺等区域。

图 3-1 广州市一手住宅供应面积走势（2006 年 1 月—2012 年 6 月）

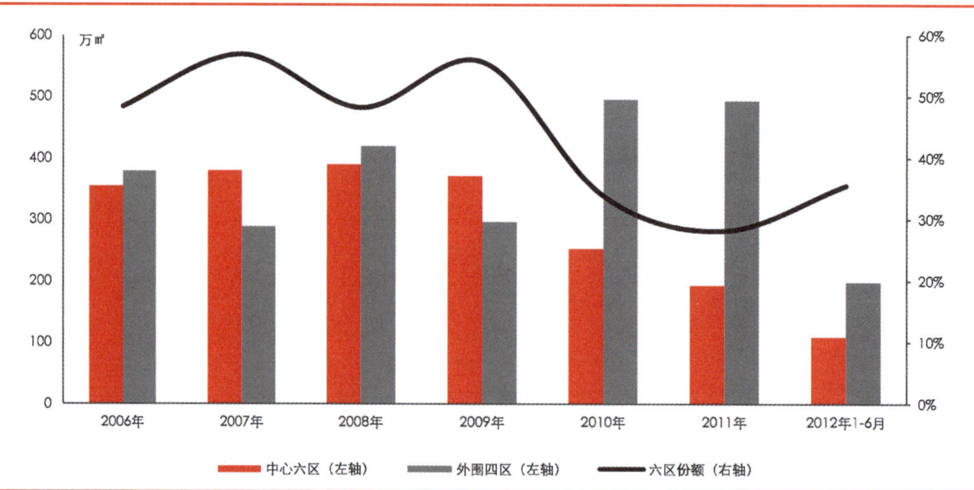

数据来源：广州市房管局

城市 Market
楼事 Story
数据 Data

3.1.1 花都供应最多 南沙增长最快

从区域分布看，2011 年花都区住宅地块已进入产品销售高峰期，以新增一手住宅 254 万 m^2 居于各区榜首；经历了洛溪、华南、亚运板块快速开发的番禺区供应量位于第二，新增一手住宅 134 万 m^2；受“十二五”规划利好而极具市场潜力的南沙区一手住宅供应量同比大增 124%，超过 90 万 m^2，位居第 3。

2012 年 1-6 月广州一手住宅供应中外围四区仍是主力，占总量的 64%，其中番禺、花都供应仍最为集中。中心六区之一的黄埔区供应量依然低迷；值得一提的是天河区 2012 年 1-6 月供应量甚至超过 2011 年全年水平。

图 3-2 广州市十区一手住宅新增供应面积（2011 年 1 月—2012 年 6 月）

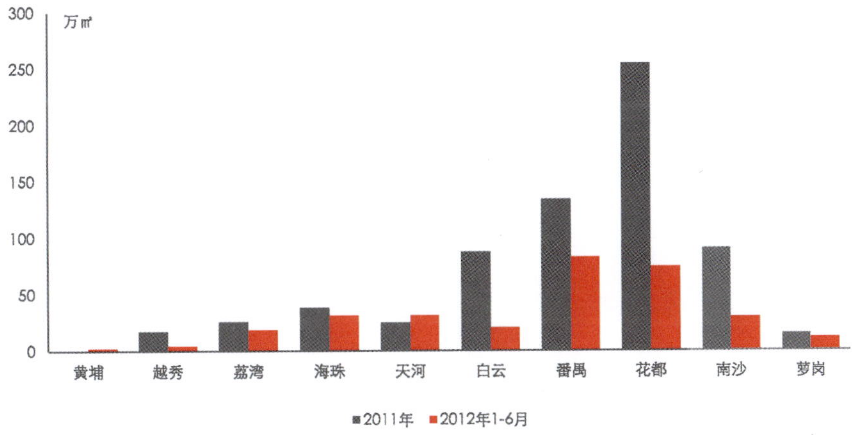

数据来源：广州市房管局

3.1.2 供求关系向买方倾斜

2011 年由于开发商放慢推货节奏，广州一手住宅全市十区吸纳率为 99%，比 2010 提高 15 个百分点，但比调控前的 2009 年仍下降 47 个百分点。

随着调控的持续推进，2012 年 1—6 月吸纳率仅为 84%，处于与 2010 年的相当水平，说明有效购买人群减少，投资需求被挤出，特别是楼价高企的中心六区，吸纳率逐年持续下降，天河区加大推出市场高端项目与市场消费主体有所背离，成交热度下降。

广州市十区一手住宅吸纳率（2009 年 1 月—2012 年 6 月） 表 3-1

区域	2009 年	2010 年	2011 年	2012 年 1—6 月
越秀	175%	113%	78%	167%
荔湾	94%	112%	126%	90%
海珠	168%	183%	114%	65%
天河	112%	202%	178%	38%
白云	146%	96%	93%	140%
黄埔	108%	75%	—	82%
番禺	271%	42%	135%	69%
花都	125%	81%	68%	91%
南沙	194%	110%	91%	115%
萝岗	97%	56%	143%	101%
中心六区	134%	129%	114%	80%
全市十区	146%	84%	99%	84%

注：吸纳率 = 成交面积 / 新推预售面积
数据来源：广州市房管局，交易登记数

3.2 成交量仍处低位 外围区域持续发力

3.2.1 成交量保持低位运行

在本轮房地产调控影响下，2011 年全市十区成交面积 680.63 万 m^2，同比上升 7%，但与调控前的 2009 年相比仍下降 3 成以上；全市十区一手住宅成交宗数为 61665 套，同比增加 6%，较 2009 年减少 3%。

2012 年 1-6 月广州十区一手住宅交易登记面积 258.20 万 m^2，同比下降约 25%，调控措施的核心内容限购政策对成交量影响持续且明显。其中，中心六区成交量为 87.63 万 m^2，同比减少近三成；外围四区成交量为 170.57 万 m^2，占全市成交量的 66%，但比 2011 年同期的 217.21 万 m^2 减少超过两成。由于中心城区土地稀缺、楼价处于高位等因素，近年来其成交量一直低于外围区域。

图 3-3 广州市一手住宅成交量价走势图（2006 年 1 月—2012 年 6 月）

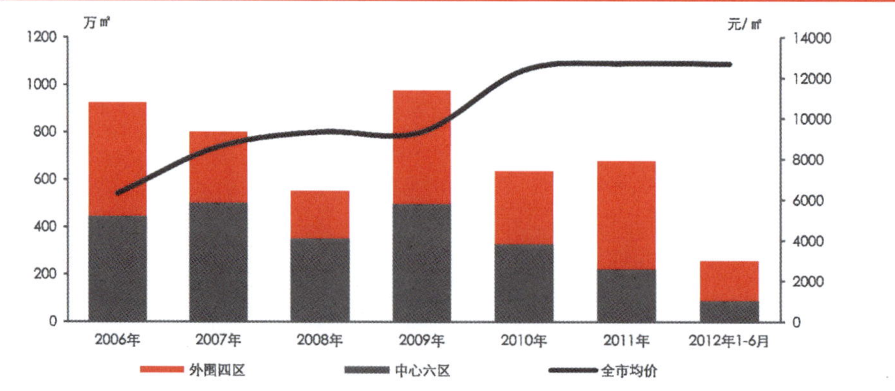

数据来源：广州市房管局交易登记数

图 3-4 广州市一手住宅成交面积分布（2011 年 1 月—2012 年 6 月）

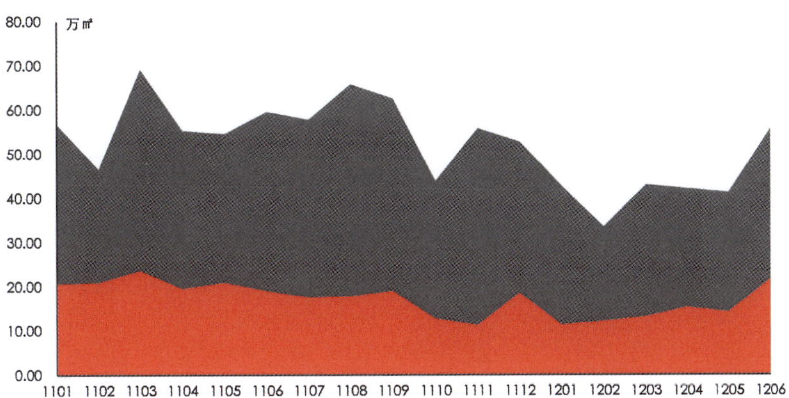

数据来源：广州市房管局交易登记数

3.2.2 首日消化率低位回升

2011 年“日光盘”渐罕见，每月全市整体开盘首日消化率大部分都维持在 50% 左右的低位水平，4 月及 12 月受个别因素拉动偶有提高。进入 2012 年，随着开发商促销力度的加大，特别是采取“低价开盘”的营销策略，首日消化率逐渐从低位回升，6 月达到了 60% 的正常水平。其中 2012 年 2 月新推少，且价格促销力度大，从而拉高了销售率。

图 3-5 广州市一手住宅成交量及首日去化率（2011 年 1 月—2012 年 6 月）

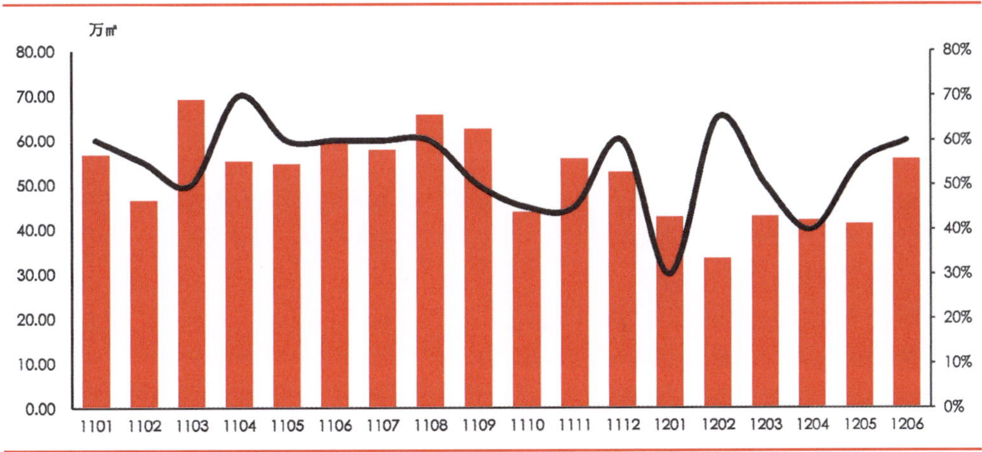

数据来源：广州市房管局交易登记数

3.2.3 花都、番禺领跑市场

近年来中心六区的成交份额逐年下滑，而外围四区价格相对低，加上交通等基本设施不断完善，吸引越来越多的买家关注。2011 年，大盘云集的番禺成交量达 180.83 万 m^2，稳居榜首，同比大升约 7 成；紧随其后的花都区，正逢一手开发高峰期，盘源丰富，成交量为 173.9 万 m^2，同比上升近 2 成。

2012 年上半年，花都、番禺继续领跑市场，成交量分别为 67.51 万 m^2 及 56.76 万 m^2，各占全市十区的 26%、22%。中心六区中，在金沙洲多个楼盘降价促销的带动下，白云成交量最大，为 28.90 万 m^2，占中心六区的 33%，但与 2011 年同期对比下降 26%。

图 3-6 广州市一手住宅区域成交分布（2011 年 1 月—2012 年 6 月）

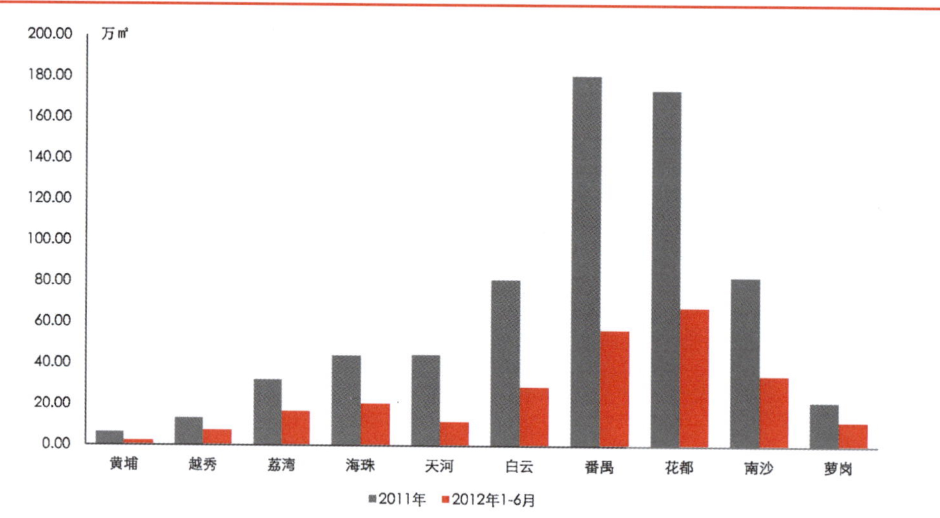

数据来源：广州市房管局交易登记数

3.3 价格小幅下降 中心区首次下降

3.3.1 中心城区均价首次下降

价格方面，在实行限购政策之前的 2006 一 2010 年，广州一手住宅价格几乎都是逐年明显上涨，尤其经历了 2009 年成交活跃期后，2010 年成交均价上升幅度加大。但在实行限购政策之后至 2012 年 6 月间，广州楼价整体维持平稳，没有大起大落之感。

2011 年广州房价完成了年度调控目标，全市均价为 12725 元 /m^2，同比上涨 2.6%，远低于上一年的涨幅，实际上是均价较低的外围区域成交放量拉低了整体市场均价。2012 年上半年全市均价为 12704 元 /m^2，比 2011 年同期下降了 3%。近几年来首次中心六区均价出现下降，而外围四区随着规划利好，交通、配套等公共设施的不断完善均价逐年上升，已突破万元大关。

图 3-7 广州市一手住宅成交均价走势（2006 年 1 月—2012 年 6 月）

元/㎡
20000
18000
16000
14000
12000
10000
8000
6000
4000
2000
0
2006年
2007年
2008年
2009年
2010年
2011年
2012年1-6月
全市均价
中心均价
外围均价

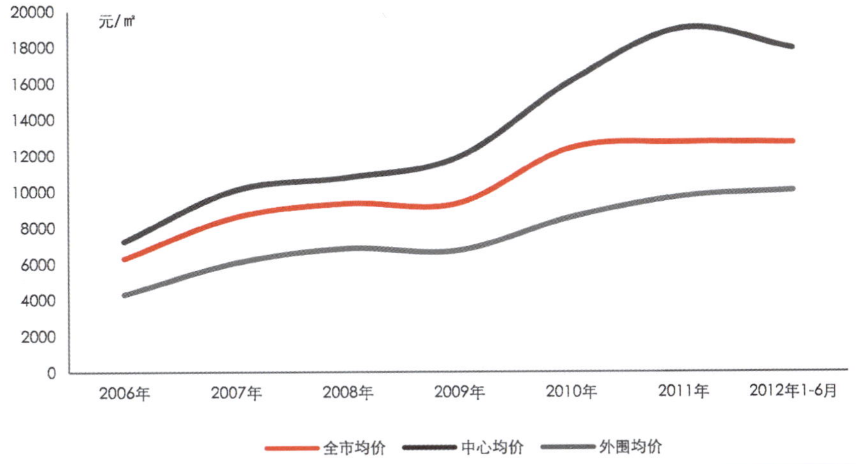

数据来源：广州市房管局交易登记数

3.3.2 南沙楼市升温

2011 年，广州最热门的区域当属南沙无疑，大型房企纷纷抢先进驻，置业浪潮也随之轮番上演，南沙楼市迅速升温，成交均价达 7915 元 /m^2，同比大涨 42%。其余大部分区域均价维持了上升势头，但升速明显放缓。

2012 上半年同比 2011 年上半年，有五个区域均价下降，其中越秀、荔湾下降幅度将近 10%；2012 上半年环比 2011 下半年，有四个区域均价下降，其中荔湾、白云下降幅度超过 10%。

图 3-8 广州市一手住宅区域成交均价（2011 年 1 月—2012 年 6 月）

元/㎡
30000
25000
20000
15000
10000
5000
0
黄埔
越秀
荔湾
海珠
天河
白云
番禺
花都
南沙
萝岗
2011年1-6月
2011年7-12月
2012年1-6月

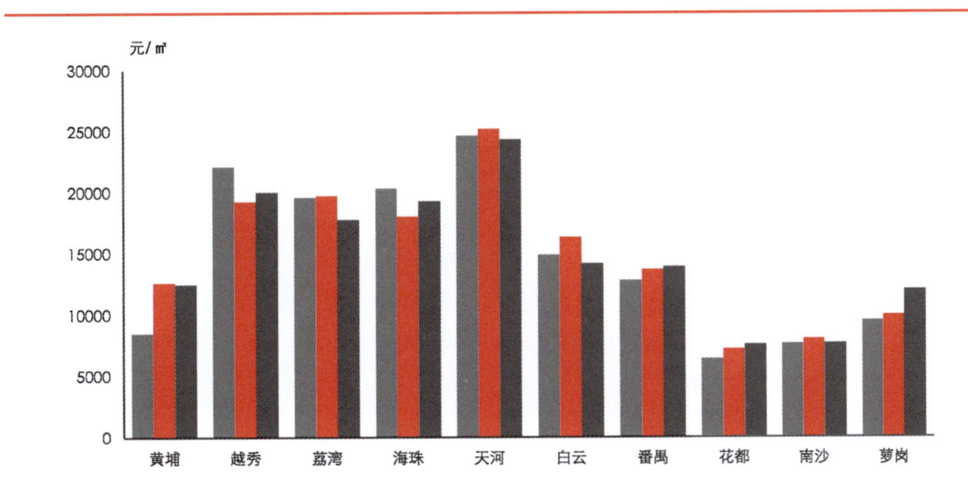

数据来源：广 交易登记数

第 4 章 二手住宅成交升温 租赁活跃

2011 年调控加码，“限购、限贷”政策基本已将投资客逐出市场，刚性需求者也驻足不前，二手住宅市场进入寒冬，成交量明显下降，成交价年末转升为降。2012 年春节后成交量逐渐回升，但仍远低于往年同期水平，成交价在成交量升温的带动下再现上扬。与此同时，租赁市场处于艳阳天，在买卖市场的挤出效应下，交易明显活跃。

4.1 成交升温 价格微涨

4.1.1 市场成交升温 未及往年水平

2011 年以“限购”、“限贷”为核心的房地产调控政策贯穿全年，二手住宅市场持续降温。进入 2011 年下半年观望心态成为楼市主流，8 月以后成交量逐月明显下滑。

2012 年上半年中央政府屡次重申房地产调控的坚定性，地方政府在执行调控和 GDP 增长之间小心翼翼地保持平衡，纷纷进行地方政策的微调，大多顺利过关，但也不乏被迫半途而废者。2012 年第一季度，二手市场更迎来了少有的低谷。二手买家入市意愿低，与业主价格分歧大；部分二手业主不能接受大幅压价，出现转售为租或惜售。与此同时，一手市场加大打折力度，降价涉及范围大，部分片区甚至出现一二手倒挂，使部分二手买家转战一手市场。

两难的压力在 2012 年 5 月有所减缓，国务院正式定调要把“稳增长”放在更加重要的位置，并表示将加大政策预调微调力度，并出台一系列扩大投资、拉动内需的措施。2012 年 4 月后市场明显升温，在首次置业者的带动下成交量出现明显增长，成交氛围逐渐改善。“五一”小长假后买家从一手市场回流明显，形成一个成交小高潮，买家降价预期减弱，看楼积极性明显提高。首次置业仍是市场主体，但改善型买家也入市渐多。

6 月迎来降息，市场客户结构再度调整，改善型买家加快入市步伐。从成交量来看，市场已经有回暖的迹象。但 2012 上半年二手住宅成交量较 2011 年下半年下降 33%，相比 2011 同期下降 50%，相对仍处于较低位置。

图 4-1 广州市二手住宅成交面积月度情况（2011 年 1 月—2012 年 6 月）

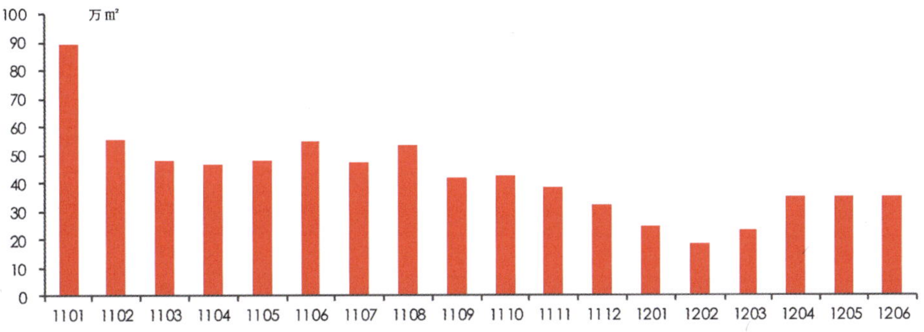

万㎡
100
90
80
70
60
50
40
30
20
10
0
1101
1102
1103
1104
1105
1106
1107
1108
1109
1110
1111
1112
1201
1202
1203
1204
1205
1206

数据来源：广州市房管局

4.1.2 中心区二手住宅交易继续唱主角

2012 年上半年二手房成交量同比大降 5 成，各区域成交量均不同程度下滑。其中萝岗下降幅度最小，越秀、荔湾等下降幅度相对较小，白云、天河、黄埔等则同比下降超 5 成。市场整体格局未有大变化，外围成交份额未明显扩大，中心区二手交易继续以 85% 的市场占比唱主角。

首次置业买家成为淡市的重要客户群，番禺受到大量刚需房源支撑，2012 年上半年成交量占全市 29%，较 2011 年再次上升。海珠受核心区、地段好、专业市场集中板块的强力撑市，总体占比维稳。天河作为投资需求较集中的板块，在投资客撤场后市场份额微降。白云经历 2010 年成交高峰后，成交已有放缓，所占份额微跌。越秀由于地段优、学区房集中等因素抗跌能力强，成交占比稳中有升。荔湾北片优势仍较明显，但南片的芳村板块等出现一、二手倒挂，整体占比维稳。

图 4-2 广州市二手住宅成交面积分布（2012 年 1—6 月）

白云区
11%
海珠区
13%
天河区
15%
越秀区
11%
荔湾区
6%
黄埔区
2%
萝岗区
2%
南沙区
2%
花都区
9%
番禺区
29%

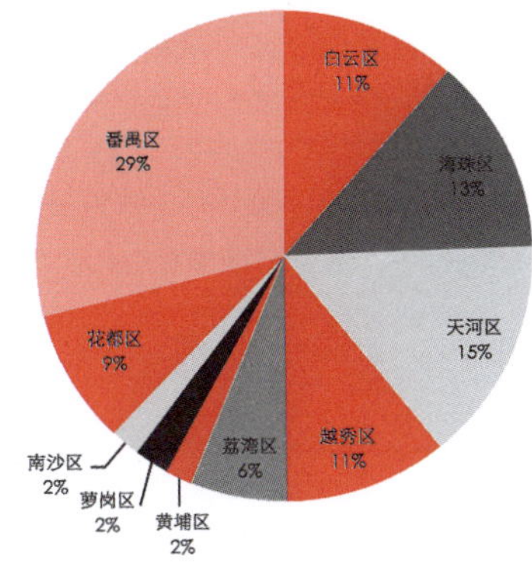

数据来源：广州市房管局

4.1.3 买卖双方信心恢复 价格小幅回升

中原领先指数显示，2012 年 6 月二手住宅价格同比上升 8%。从区域来看，白云、荔湾仍保持较快的上升势头，分别为 12%、11%；其他区域涨幅均未超过 10%，其中番禺涨势明显放缓，仅 6%。

2011 年 3 月后中原领先指数涨势已出现放缓，持续 8 个月的微升后终于 2011 年 12 月调头，这也是中原领先指数近 17 个月以来出现的首次下探。直至 2012 年 3 月，二手住宅价格持续 3 个月回落，二手市场量价齐跌。

2012 年 4 月成交价扭转下行局势，5 月价格加快上涨。在成交氛围有所改善后业主心态普遍增强，议价空间逐渐收窄，提价和反价现象有抬头迹象，前期低价笋盘逐渐消化后新放盘源价格上调明显。6 月后业主反价现象逐渐增多，但加价幅度仍较小。

图 4-3 CLI 广州二手住宅成交价格指数（2004 年 5 月—2012 年 6 月）

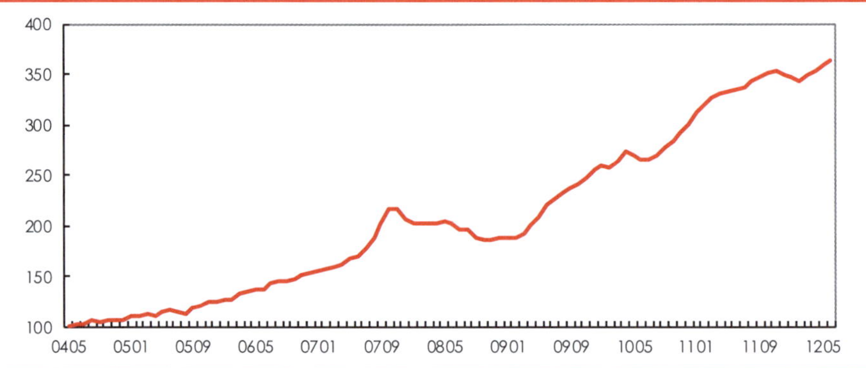

数据来源：中原（广州）领先指数，指数基期为 2004 年 5 月 100 点

4.2 市场成交特点及热点板块楼盘

4.2.1 二手住宅市场三大成交特点

■ 刚需逐渐释放 首次置业买家占主流

房价高位运行、市场并不十分明朗，还有不确定的政策因素导致投资风险加大，因此不少投资客 2011 年下半年已开始选择逐步离场，住宅投资迅速降温。2012 年上半年有限的买家中已经很难看到投资客的踪影。市场成交量回升主要是刚需客入市拉动，以首次置业为先锋的买家观望后最先入市，在市场升温后改善型买家也开始出手，高端板块成交激增。

■ 买家降价预期减弱 看楼积极性提高

2011 年末二手市场陷入低谷，业主惜售、买家观望。2012 年上半年二手房市场处于一个政策适应期，春节前市场仍处困局，但春节后看楼客逐月回升的趋势明显。政策逐渐消化后，买家降价预期减弱，大幅压价的现象已明显减少。刚性自住需求的买家由于观望过后认为价格难以再有明显下跌，且下半年也不会再下行，故选择在这个短期价格低点置业。尤其在第二季度后，买家看楼积极性明显提高。

■ 业主反价再现 市场盘源量略显紧缺

由于整个市场都在观望致使 2011 年下半年不少业主放盘价格有所松动，反价现象很少出现，价格也开始有了下调的空间。在 2012 年上半年市场转好后，业主对后市信心重建，心态普遍增强，议价空间逐渐收窄。在地段好的片区提价和反价现象再现，6 月后反价现象逐渐增多，但反价幅度仍较小。

2012 年上半年盘源量处于相对低位，2 月起虽然盘源增多，但市场气氛转好后出现惜售局面。

4.2.2 成交热点板块及热点楼盘

■ 10 大交易热点板块

据广州中原成交数据显示，2011—2012 年，广州二手住宅的置业热点片区主要分布在海珠、天河、白云等。白云区近年迎多重利好，地铁开通、万达广场开业，且适合刚需的中小户型不少，因此置业活跃度继续提升；机场路、白云大道等板块成交活跃，成交价也逆市而上。海珠区物业结构丰富，继续是市场成交热点，海珠西、江南大道南持续活跃，赤岗、新港西等成交较旺。天河区依托便利的交通和成熟的配套，使得区域内的项目均价相对较高，热销板块的成交均价稳步上涨，包括高档住宅集中的天河北、珠江新城等板块以及刚需置业集中的东圃等板块。

广州市二手住宅 10 大交易热点板块　　表 4-1

排名	所属区域	板块名称	2011 年成交均价（元 /m^2）	2012 上半年成交均价（元 /m^2）
1	海珠区	海珠西板块	15507	15794
2	白云区	机场路板块	10634	12079
3	天河区	天河北板块	18996	19590
4	海珠区	江南大道南板块	15380	14744
5	越秀区	北京路板块	17516	18444
6	白云区	白云大道板块	13355	13143
7	天河区	东圃板块	14914	15267
8	海珠区	赤岗板块	14658	15326
9	天河区	珠江新城板块	29653	31895
10	海珠区	新港西板块	18528	18325

数据来源：广州中原地产成交数据

■ 10 大交易热点楼盘

大型标杆楼盘继续成为淡市成交先锋，这些热销盘价格较多稳中有降。番禺有多盘上榜，价格集中在 10000~15000 元 /m^2；祈福新村成交稳居榜首，万元出头的中小户型成为近两年刚需首选；靠近市中心的大石丽江花园、珠江花园价格 10000 元 /m^2 左右，也成热门之选。海珠区继续是改善型买家喜好的区域，逸景翠园、光大花园价格 20000 元 /m^2 左右，保持较好的销量；保利红棉花园的中小户型则是片区内刚需买家的选择热点。此外，拥有大量二手房源的骏景花园、华景新城、汇侨新城等也保持热销。

广州市二手住宅 10 大交易热点楼盘　　表 4-2

排名	所属区域	楼盘名称	2011 年成交均价（元 /m²）	2012 上半年成交均价（元 /m²）
1	番禺区	祈福新村	10937	10384
2	海珠区	逸景翠园	20185	20745
3	天河区	骏景花园	17126	16640
4	白云区	汇侨新城	10861	10809
5	天河区	华景新城	18328	17950
6	番禺区	广州雅居乐花园	15456	13188
7	海珠区	保利红棉花园	13188	12343
8	海珠区	光大花园	20612	19979
9	番禺区	丽江花园	11781	11116
10	番禺区	珠江花园	10321	9763

数据来源：广州中原地产成交数据

4.3 买家租房过渡 租赁市场活跃

4.3.1 挤压效应下租赁市场较活跃

2011 年广州住宅租赁面积为 1178 万 m²；2012 年上半年为 588 万 m²，同比上涨 49%。2012 年春节期间是市场淡季，但总体情况明显好于 2011 年，进入第二季度租赁市场已恢复较高的成交水平。

租赁市场的火爆主要是由于二手买卖市场的挤压效应。2011 年下半年买卖市场开始受到抑制，租赁面积反之维持在高位。"限购、限贷"政策放慢了买家入市步伐，市场观望氛围浓郁，心态较强的业主转售为租，同时部分买家选择租房观望，买卖市场的需求被大量挤压到租赁市场。

图 4-4 广州市二手住宅租赁成交情况（2011 年 1 月—2012 年 6 月）

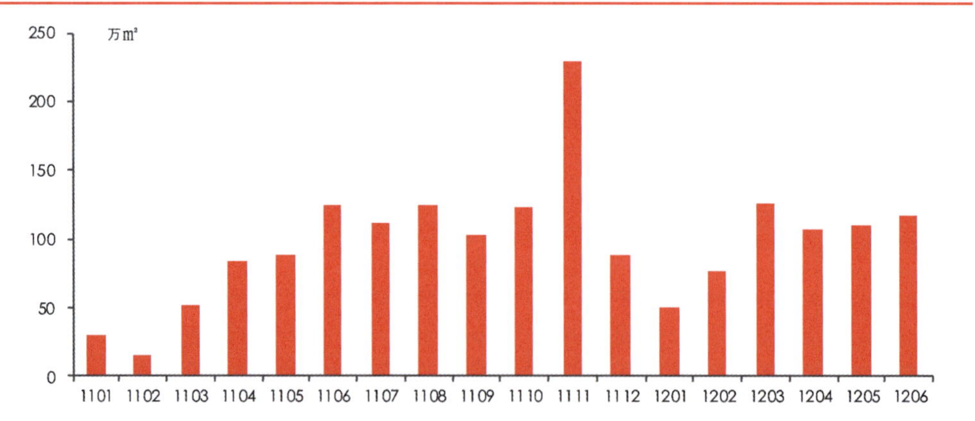

数据来源：广州市房管局

城市 Market　楼事 Story　数据 Data

4.3.2 需求增加促使价格稳步攀升

整体来看，广州市住宅租金保持上涨趋势，2011 年 12 月同比上涨 10%，2012 年 6 月同比上涨 7%。在更多租赁客户入市的带动下，租金上升趋势仍较明显。

中心区中白云 2012 年 6 月同比涨幅较 2011 年 12 月同比涨幅扩大 2 个百分点，其他五区小幅缩小。2012 年 2—3 月受季节性影响租金走势出现小幅下行，但在 4 月后租赁成交量大升，5-6 月迎来大学生毕业潮，在一定程度上增加了市场的需求，推动租金再度稳步上涨。

图 4-5 CLI 广州二手住宅租赁价格指数（2011 年 1 月—2012 年 6 月）

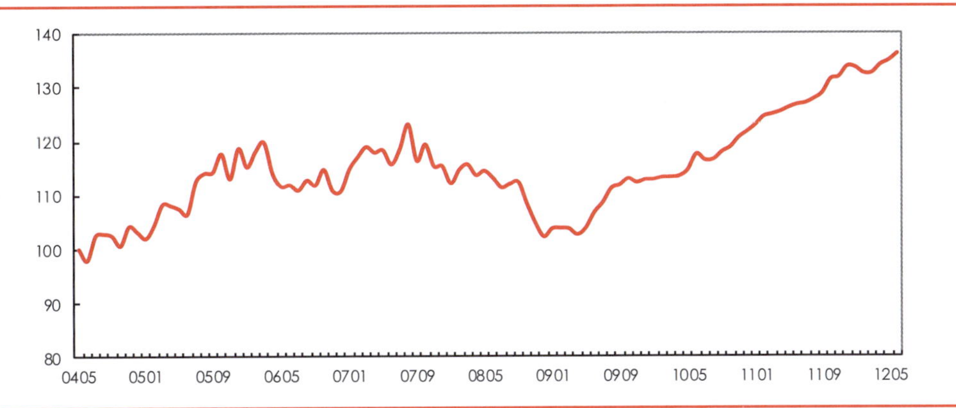

数据来源：中原（广州）领先指数，指数基期为 2004 年 5 月 100 点

4.4 需求或将继续释放 价格有望小幅上涨

从 2012 年上半年的经济形势来看，经济下行的压力未缓解，央行表示下半年继续增加流动性，配合实体经济发展。与此同时通胀压力持续减弱，这为进一步放宽货币政策提供了空间，间接利于楼市。但各地楼市回暖、楼价反弹的迹象引起了中央的关注，多个部门相继表态，要求不断巩固调控成果，但调控目标已从“促进房价回归合理水平”转到“防止房价反弹”。

预计 2012 年下半年刚性需求将陆续释放，广州二手房市场成交量有一定的回暖动力支撑，但部分二手房客户可能会被一手市场分流，总体而言下半年成交量会高于上半年。

如果从全年整体的二手成交均价（总成交金额 ÷ 总成交面积，不含别墅）来看，2011 年主力七区中原成交均价为 16238 元 /m^2，同比上涨 23%。2012 年下半年价格上升已成定局，但只会是小幅回调，不会大幅上升；而且从目前的趋势来看，二手住宅的价格升幅相对一手住宅将更为明显。预计 2012 年全年成交均价为 18000 元 /m^2，将比 2011 年增长约 13% 左右。在政策高压之下 2012 年楼价整体水平将依然高于前两年，但上涨幅度会明显收窄。

估计中央政府会将房地产调控作为一项长期任务，2013 年政策环境或有放宽的可能，但楼价上涨依然会被关注和控制，所以预计 2013 年楼价上升幅度超过 10% 的可能性较小。

第 5 章 办公物业供求活跃 租金价格平稳增长

2011 年广州商业地产市场并未受到一系列主要针对住宅范畴的调控政策影响，整体供求数据均显示出市场与投资者的活跃。踏入 2012 年上半年，商业地产市场最为引人注目的当属珠江新城“新地王”的再次诞生。此外，2012 年上半年首轮供应高峰的提前同样值得关注。成交方面，2012 年上半年成交面积同比 2011 年多出 6.54 万 m^2，其中甲级写字楼的成交份额提高了 32% 之多，主要由于珠江新城等众多高端写字楼开售。存量写字楼方面，广州整体写字楼租金有超过 5% 的升幅；空置率在大批新货上市的压力下出现小幅度攀高，并预计会持续。

5.1 新建写字楼市场分析

5.1.1 写字楼供应高潮提早

2012 年 1-6 月广州新建写字楼供应面积为 41.71 万 m^2，同比上升超过 44%。

一般情况下第一季度会是写字楼交投市场的传统淡季，但 2012 年的 1 月、3 月新增供应面积却出现“早回春”。1-3 月之间十区有超过 22 万 m^2 的新增供应入市，而 2011 年同期仅有 8.21 万 m^2。对比 2011 年大多为高端综合体、甲级写字楼项目等不同，2012 年上半年的公寓物业同比增长高达 15%。公寓项目具有不限购、不限贷、入市门槛低的优势，相信发展商看中了这种类型物业能够很好弥补限购政策所带来的影响。

另外，2011—2012 年，天河区依然处于供应集中点，加上现阶段政府各种新规划，相信中轴线的辐射效应会持续扩散。

图 5-1 广州市一手写字楼供应量走势（2011 年 1 月—2012 年 6 月）

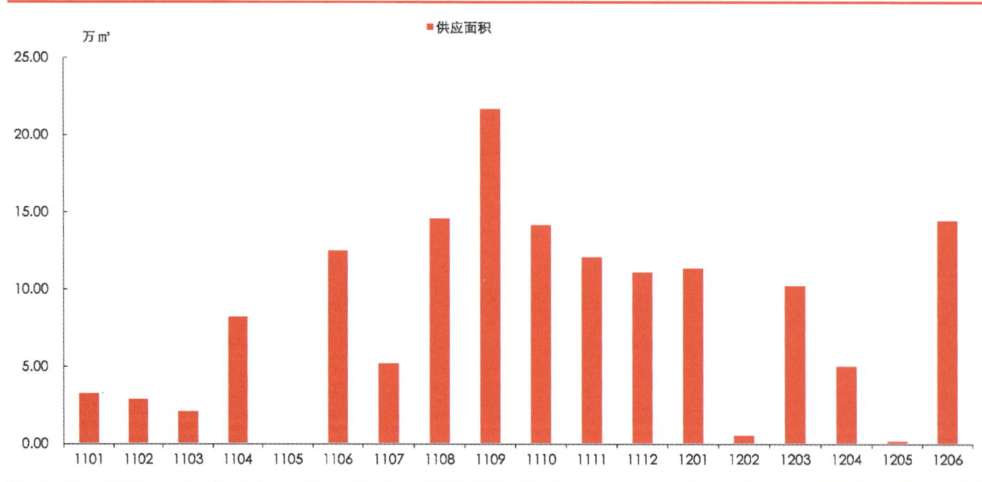

数据来源：广州市国土资源和房屋管理局

5.1.2 成交活跃 产品结构引起均价波动

2011 年全年新建写字楼成交 97.58 万 m^2，2012 年上半年广州新建写字楼成交 56.02 万 m^2，同比增长约 13%。值得关注的是 2012 年 6 月成交 12.46 万 m^2，已经超过 2011 年 8 月的最高值 12.34 万 m^2。作为一个市场信号，还未进入传统旺季就有如此的成绩，可见买家入市热情高涨。成交集中在传统城区和外围区域的中心地段，成交产品类型集中在甲级写字楼和商务公寓两种。预计 2012 年下半年成交量将会有良好的表现，并有望持续上升。

图 5-2 广州市一手写字楼成交量价走势（2011 年 1 月—2012 年 6 月）

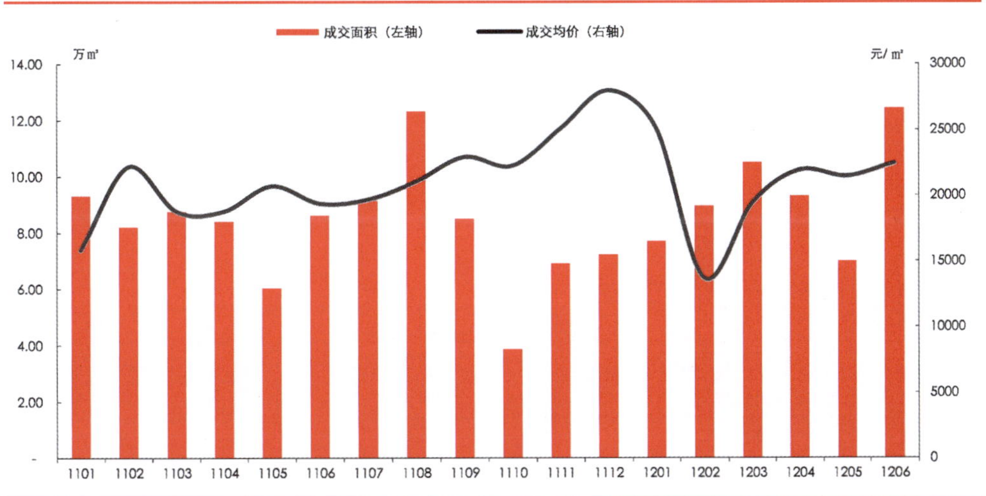

数据来源：广州市国土资源和房屋管理局

2011 年开始一手写字楼成交均价虽偶有波动，但整体而言表现平稳，仅在 2011 年 11 月—2012 年 2 月间出现了较大的波动，主因缘于 2011 年底珠江新城中轴线上大量甲级写字楼出现交投，而 2012 年年初有来自外围区域的公寓项目开售，并凭借相对较低的总价吸引大量买家购入。这短短 4 个月的火爆交投情况，充分显示出市场对商业地产的信心和追捧。

5.1.3 南部两商圈发展迅速 公寓产品依旧受青睐

目前，珠江新城商圈依然凭借高端写字楼和公寓等独占成交活跃商圈鳌头，其中 2012 年上半年成交 24.54 万 m^2，已经非常接近该商圈 2011 年全年的总和，其中富力的盈凯广场和保利威座大厦就卖出超过 10 万 m^2，预计珠江新城的第一宝座短期都难以被替代。

广州南部最畅旺的两个商圈——琶洲、万博中心也随着众多新货的推出，大大刺激了当地商业氛围。现阶段以商务酒店公寓和具有良好办公环境的写字楼而著称，代表项目有“敏捷上城商务中心”、“海印星玥（万博中心）”、“保利天悦”、“世贸（琶洲）”等。

广州市成交活跃商圈前 10 名（2011 年）　　表 5-1

名次	商圈	板块名称	成交面积（万 m^2）	成交均价（元 /m^2）
1	珠江新城	25.59	33509	15794
2	科学城	14.71	12641	12079
3	火车东站	7.36	28220	19590
4	中大	7.35	21299	14744
5	琶洲	6.61	24638	18444
6	万博中心	4.57	17002	13143
7	南沙（进港大道）	4.06	9058	15267
8	环市东	3.04	26517	15326
9	市桥	2.26	15121	31895
10	体育中心	2.10	29003	18325

注：统计口径为十区两市
数据来源：广州中原研究部

广州市成交活跃商圈前 10 名（2012 年上半年）　　表 5-2

名次	商圈	板块名称	成交面积（万 m^2）
1	珠江新城	24.54	31526
2	万博中心	6.47	13006
3	琶洲	3.69	22317
4	火车站	3.13	20849
5	南沙（进港大道）	2.64	7411
6	火车东站	2.57	21297
7	科学城	2.55	12961
8	中大	2.31	20017
9	东风路	1.97	10670
10	环市东	1.14	24030

注：统计口径为十区两市
数据来源：广州中原研究部

在成交类型方面，公寓项目连续两年保持最大比重。2012 年上半年广州新建写字楼成交占比出现了新的改变，公寓项目和甲级写字楼项目分别上升了 5% 和 3%，而非甲级写字楼的成交占比被大大压缩。

新建非甲级写字楼多位于外围区域，一般来说物业管理和硬件级别会相对较低，而现在企业对于写字楼要求不断提高，中心区的新甲级写字楼会更受企业追捧，而刚起步的中小企业则多以租赁为主，显然旧城区传统商圈的成熟配套优势会更受其青睐。

图 5-3 广州市各类型一手写字楼成交面积分布（2011 年 1 月—2012 年上半年）

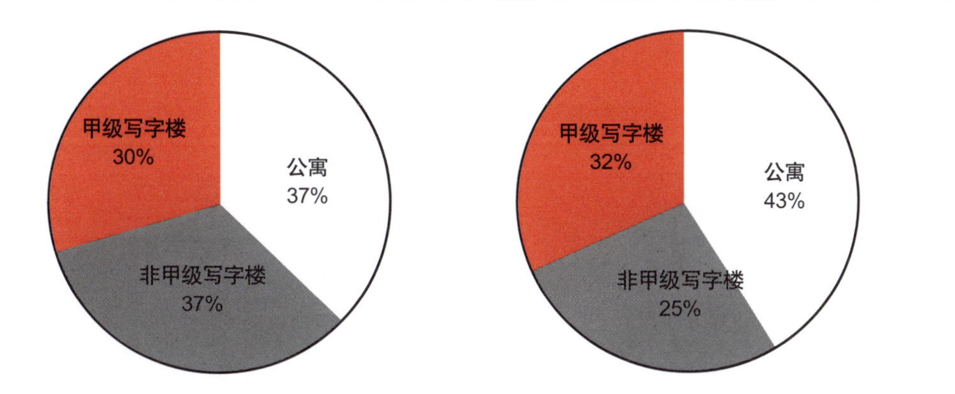

注：统计口径为十区两市
数据来源：广州中原研究部

广州市大面积成交写字楼项目（2012 年上半年） 表 5-3

企业	项目	面积（m^2）
广信律师事务所	广州银行大厦	2200
天安保险	广州银行大厦	1350
同益律师事务所	利通广场	4000
永旺集团	财富广场	4200
万联证券	高德置地广场 3 期	3600
星巴克中国	高德置地广场 1 期	1600
分众传媒	高德置地广场 1 期	2880
广州雷格斯咨询有限公司	高德置地广场 1 期	2211
广东宝钢集团	富力中心	1200
华强担保有限公司	保利中心	1168

数据来源：广州中原研究部

5.2 存量写字楼租赁市场发展健康

2011 一 2012 年上半年之间宏观经济整体有所下滑衰退，整个房地产市场呈现较平淡的氛围，而租赁市场方面虽受到经济下滑带来的一定程度的影响，但依然呈现良性的发展状态。广州整体租金约为 135.6 元 /m^2，同比上升了 6%，其中我们重点监测的 3 个商务区天河北、环市东 / 东风路、珠江新城均有同比接近 5% 的升幅。

广州 CBD 珠江新城作为甲级写字楼的集中地，凭借恒大“新地王”诞生的辐射效应和部分超甲级写字楼（高德置地广场 A 塔、利通广场、广州银行大厦）的交付，租金出现了不同程度的上升，2012 年上半年珠江新城租金为 164.5 元 /m^2，租金同比上升 7.3%。

图 5-4 广州市存量写字楼租金及空置率走势（2010—2012 年上半年）

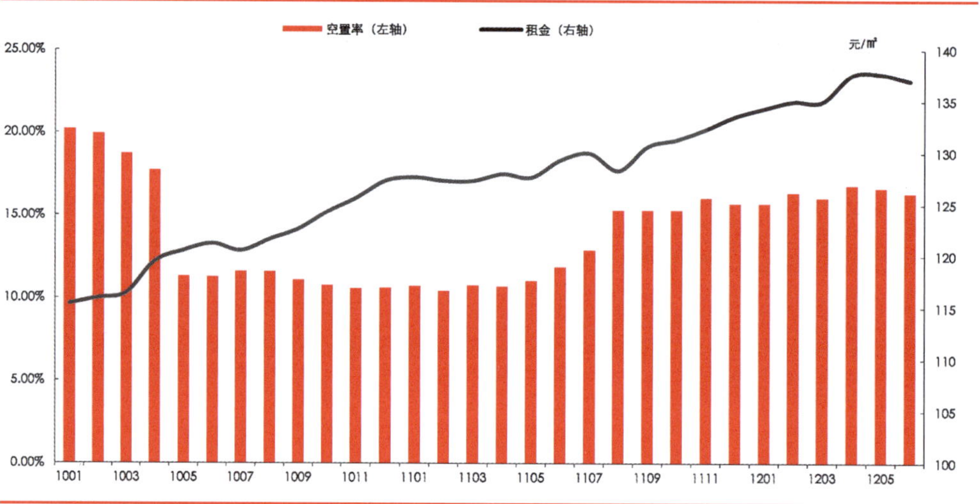

数据来源：广州中原研究部

2012 上半年交付使用的项目（高德置地广场 A 塔、利通广场、广州银行大厦）总建筑面积约 21.5 万 m^2，导致广州整体空置率同比 2011 年上半年有 5.4% 的升幅，其中珠江新城受此影响最为明显。预计 2012 年下半年依然持续有甲级写字楼投入市场交付使用，而市场吸纳度并没有太大的增幅，空置率在短期内难以有明显的下降趋势。

5.3 写字楼市场发展预测

- 供应量将在 2013 年开始逐渐减少 以消化存量为主

预计 2012 年下半年至 2013 年第一季度市场依然能够为广州提供充裕的甲级写字楼货量，但 2013 年第一季度后受制于土地出让的减少和市场吸纳度逐渐饱和，供应量下降不可避免，届时市场将会进入消化存量为主的阶段。

- 新增项目定位高 大多实行只租不售

新投入的办公项目大多位于珠江新城，定位档次较高，更多的发展商为保持产权的统一性而实行只租不售策略，而可售的项目将会变得稀有。2012 年上半年部分可售项目（如广晟国际大厦、富力盈凯广场等）售价超过 4 万元 /m^2，市场反应强烈，随着“新地王”的出现周边在售存量项目均有不同程度的涨价甚至封盘待售。

- 项目租金平稳上扬 未来一年空置率下降机会较低

广州作为中国“南大门”的作用越发突显，众多世界跨国企业选择在广州开设华南区总部，对写字楼整体硬件实力和运营管理的软件实力十分看重，这些高端物业的租赁交易将会使市场租金平稳上升。另外由于市场吸纳度有限，相信未来一年空置率下降可能性较低。

- 商圈格局将不断辐射延伸

随着城市化的不断完善，办公圈正从传统商务圈不断辐射至周边区域，其中包括员村、白鹅潭、海珠湖、白云新城等。例如，员村金融城计划，白鹅潭将建超高层建筑，海珠湖生态办公商圈计划，还有绿地金融中心所在的白云新城。办公商圈将不再局限于东风路、天河北、珠江新城，这不仅是政府牵头带领的举措，也是传统商业办公圈自身辐射效应的作用。

第6章 商铺供求收缩价格走高 购物中心首登舞台做主角

2012年上半年的商业供应收缩，成交趋于平稳，但价格一路走高，外围城区的交易尤为活跃。广州在“国家中心城市和国际商贸中心”的定位下商圈从质量层面将有更进一步的提升；随着城市规划的深入和地铁的开通，传统商圈格局将进一步出现改变。

6.1 市场供应回落 价格走高

6.1.1 商铺供应大幅回落

广州的商铺市场自2010年起进入爆发期，2010年及2011年连续两年放量供应。2012年上半年则有所回落，新增供应量20.63万 m^2，同比减少26%。番禺区、天河区、荔湾区和萝岗区名列新增供应量的前4名。

图6-1 广州市十区新建商铺供应与成交情况（2011年1月—2012年6月）

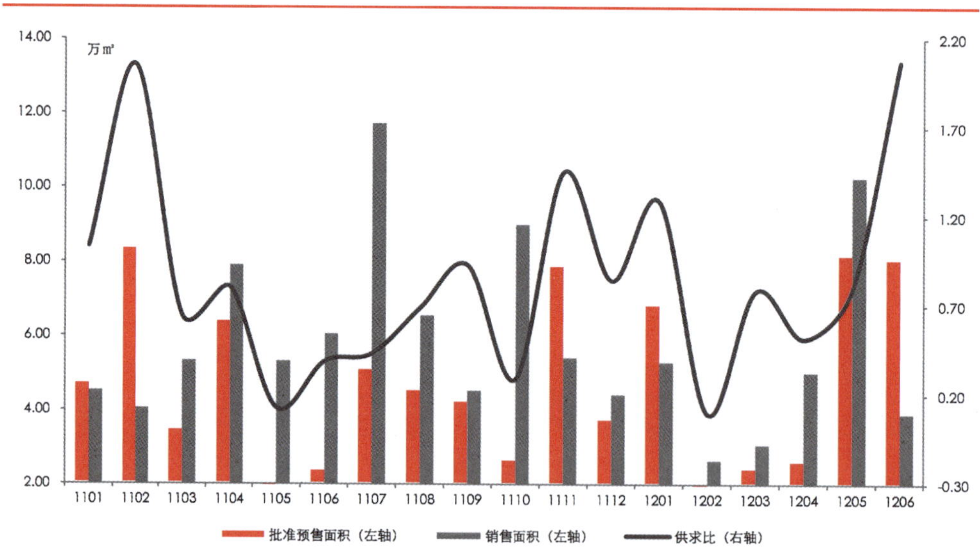

数据来源：广州市国土资源与房屋管理局

6.1.2 量跌价涨 均价再创历史新高

2012 年上半年商铺市场成交量为 30.19 万 m^2，同比下跌 9%。成交价格则延续升势达 22822 元 /m^2，同比大涨 26%。其中 4 月的成交均价达到 30203 元 /m^2，再次创下历史新高。

购物中心大量成交、供应减少、大宗收购等因素合力推动了上半年商铺均价的上涨。上半年购物中心成交均价为 28624 元 /m^2，购物中心的大量成交推动了成交均价的大幅上涨，成为上半年价格大涨的最主要原因。

2012 年涌现了“万艺广场”、“环球商贸中心”等铺王，“万艺广场”位于海珠广场精品交易商圈，成交单价一度突破 30 万元 /m^2，上半年成交额达 5 亿元。

商铺价格的一路走高及铺王的涌现，另一方面也显示了在货币通胀、实业低迷的大环境下，民间资金在商铺市场苦觅出路与机会。

图 6-2 广州市十区新建商铺成交均价（2011 年 1 月—2012 年 6 月）

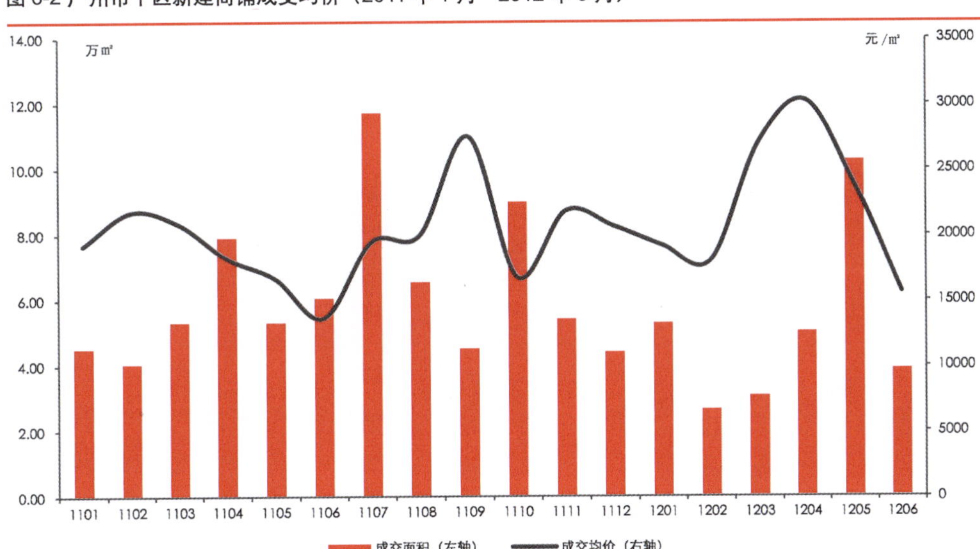

数据来源：广州市国土资源与房屋管理局

6.2 购物中心成主角 外围商圈渐活跃

6.2.1 购物中心成为市场交易主力

2012 年上半年市场的最大特点莫过于往年以社区商铺交易为主的市场，今年购物中心成为舞台主角，上半年购物中心成交 13.93 万 m^2，约占据总成交量的 50%，番禺万达广场等购物中心几乎一推出市场即被抢购一空。这说明市场热点已经明显转换，投资客带着更理性的眼光考验市场，更注重发展商的品牌效应及后市运营能力。

从小商铺的热浪、社区商铺的热销再到购物中心受追捧，可以看出投资客越发注重资金的安全性和长期回报率，因此大品牌发展商、良好口碑的商业项目更受青睐。

图 6-3 广州市十区两市各类型新建商铺成交情况（2012 年 1—6 月）

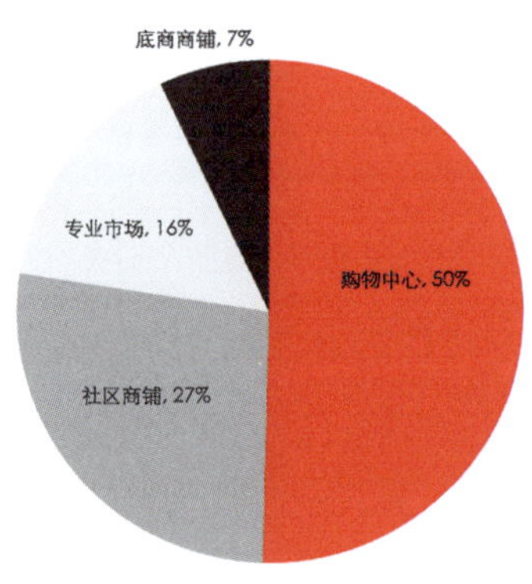

数据来源：广州中原地产研究部

广州市十区两市购物中心成交列表（2012 年 1—6 月） 表 6-1

序号	项目	成交面积（m^2）	成交均价（元 /m^2）
1	中海橡园国际	76021	24013
2	番禺万达广场	25241	47468
3	富港东汇城	19140	14616
4	绿地金融中心	8716	46573
5	京仕商业广场	5092	3999
6	保利威座大厦	3933	60236
7	欣荣宏国际商贸城	1155	17926

数据来源：广州中原地产研究部

6.2.2 外围商圈市场交易活跃

从 2012 年上半年交易的主力十大商圈中可以看到新老商圈正在渐渐出现变更，排名前四位的均处于购物中心空白带或外围城区。

最受瞩目的是美国保德信房地产基金以 20 亿价格成功收购海珠区工业大道的“中海光大购物中心”，成交面积 76,021m^2，本次交易既是广州市场迄今为止最大一宗零售物业交易，也是首宗外资机构性投资者整体收购的商业物业买卖，此宗交易将使工业大道成为海珠区的新商圈。

万博中心的番禺万达广场则是上半年业绩最靓丽的项目，以内部认购形式发售旋即被市场抢购一空，短短两周销售业绩达 12 亿。可见万达作为中国商业地产的翘楚，号召力非常强劲。

花都区的社区商铺也是 2012 年上半年市场成交的主力之一。

广州市十区两市十大活跃商圈（2012 年 1—6 月）　　表 6-2

排名	商圈	成交面积（m^2）	成交均价（元 /m^2）
1	工业大道	76284	23982
2	市桥	30604	15255
3	万博中心	29902	44284
4	增城荔城	24183	15927
5	北京路	14201	24713
6	增城新塘	12784	10962
7	白云新城	9201	45383
8	珠江新城	7811	43675
9	花都狮岭	7337	10882
10	花都区府	6540	12336

数据来源：广州中原研究部

6.3 市场竞争加大 商家寻觅差异化

6.3.1 商家租赁活跃 寻觅差异化竞争

面临后市项目巨量入市的压力，各大购物中心在租户选择上越发谨慎和精益求精，不断调整租户品牌以差异化增强项目竞争力。

身为广州商业领军人物的天河城反应最为敏捷，在面临前所未有的竞争压力下大幅度向高端化调整租户以拉开与其他项目的差距；广州另一著名的商业运营商海印集团则另辟蹊径，在万博中心建立了华南地区最大的专营世界奢侈品牌的奥特莱斯广场——“海印又一城”，是广州第一个真正的“outlet”，鲜明的定位拉开了与传统商业中心的差距，成为新的消费热点。

广州市大宗商业租赁情况（2012 年 1—6 月） 表 6-3

租户	类型	面积（m^2）	入驻商场
Miss Sixty	服饰	600	太古汇
索尼 store	电器	2800	太古汇
纪梵希	服饰	800	天河城
Arma6i Jea6s	服饰	140	天河城
俏江南	餐饮	2000	天河城
大创百货	百货	1100	花城汇
大创百货	百货	600	中华广场
Tommy Hilfiger	服饰	450	中华广场
聂高国际红酒荟	餐饮	150	万菱汇
Gucci、Coach、Burberry Boss、Versace	服饰	—	海印又一城奥特莱斯

6.3.2 商业版图重绘在即 万博中心商圈一触即发

随着“东进、南拓、北优、西联”的深入与居住氛围的逐渐成熟，外围城区也迎来了商业发展的高潮。在广州的东部增城，首座综合体“富港东汇城”即将投入使用，另一个购物中心“信盈城”也即将开业，同时万达在广州的第三座广场正式落户于此。花都区“雅居乐锦城”18 万 m^2 的商业综合体也将为花都住宅和商业发展带来提速。

号称广州“第四商圈”的番禺万博中心无疑将是广州未来最瞩目的商圈，根据政府的相关规划，万博中央商务区未来将打造成集大型商业中心、商务办公、五星级酒店、会展中心、商业公寓、购物街、休闲娱乐等功能于一体的华南地区最大的信息产业总部经济基地。番禺本地房企奥园集团和敏捷地产的项目在商圈内“开花结果”，而天河城百货、海印集团、沃尔玛等商业大鳄也已相继进驻。万达集团在广州的第 2 家店相继推售商铺、公寓，均受到市场极大追捧。大型房企们扎堆掘金、争相进驻令万博商圈成为广州南部楼市最热的区域，也即将带动华南板块的二次腾飞。

6.3.3 巨量项目将入市 市场竞争加剧

2012 年下半年入市的大型购物中心商业面积达 56 万 m^2，仅珠江新城就有 29 万 m^2 的商业面积投入使用，供应达到历史高位，空置率或将逐渐升高。预计未来一年租金升幅将放缓，且租金下行风险增大。

住宅限购政策目前仍然不会放开，在住宅市场严厉限购的大背景下，商业地产依然是各大开发商竞相追逐的“香饽饽”。综合体有望成为未来商业地产市场的主流，其既能满足地方政府对 GDP 的追求又能为开发商平衡风险。

目前广州在建或将建的综合体至少有 20 个，如天汇广场、保利琶洲项目、花都雅居乐锦城、白云绿地中心、从化欣荣宏国际商贸城、富港东汇城及万博商圈等数个项目。 巨量项目的陆续入市，从租户或消费者角度来看都有了更多的选择，广州传统商圈面临前所未有的挑战，如何调整业态布局增强差异化竞争力将是经营面临的最大问题。

楼事 Story

广州

标杆房企逆市之下寻求成长

新车站新商圈 南站推地不逢时

广州一手住宅降价轨迹

限购之后消费趋势大众化

珠江新城弱冠之年 观其 20 年发展历程

地下造城，是掘金运动还是迷途困局？

第 7 章 标杆房企逆市之下寻求成长

广州中原研究部　崔云霞

2011 年下半年调控效果深入，广州市场销售量出现快速回落。在此大环境下综合实力较强的标杆房企[1]也面临着较大的销售困境和资金压力，在积极应战大力推货的同时采取了各类打折促销战略。外围区域的“低门槛”项目吸引了诸多首次置业买家，成为淡市中不少标杆房企的主战场。在开源之际亦不忘节流，标杆房企土地储备意愿不断下降。从其市场反应来看，标杆房企在广州的销售份额出现小幅下滑，个别房企推货积极、促销到位，盈利能力逆势而上。

7.1 市场逢低潮 房企圈地谨慎

7.1.1 购地减少 份额直降

2011 年下半年住宅市场交易量急转直下，土地市场也随之进入寒冬，直到 2012 年土地市场仍未明显回暖。2012 年上半年，广州全市[2]居住用地及商服用地成交面积 62 万 m^2，同比下降 25%；成交金额 53 亿元，同比下降 2%。标杆房企拿地热情也明显不足，购地面积 4 万 m^2，同比骤减 83%；购地金额 17 亿元，与去年相当，总金额的维稳主要是受珠江新城高价地块成交拉动影响。

土地市场成交量的大减主要受到两方面影响：一是上半年市场整体仍处于胶着状态，尽管第二季度市场逐渐升温，但回笼资金、消化库存仍为房企的首要任务；二是在市场不活跃的背景下，政府的推地节奏有所放缓，少见中心区优质地块推出。

图 7-1 广州全市标杆房企拿地情况（2009—2012 年上半年）

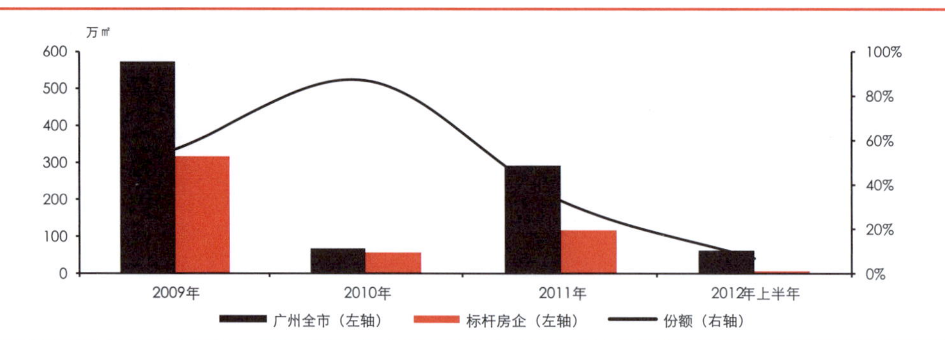

数据来源：广州市房管局

城市 Market　楼事 Story　数据 Data

7.1.2 宅地无收 商地抢眼

总体而言，十一大标杆房企在广州土地市场表现谨慎，以往拿地踊跃的保利、越秀地产、碧桂园等纷纷缺席。上半年仅万科、恒大两家房企分别拿下一宗商业地块。万科近年开始注重开发商业地产，2012 年在广州首次拿下的商业地块位于天河软件园高唐新建区，总价 3.8 亿元。恒大继开发“金碧华府”、收购佳兆业大厦后再次进入珠江新城，拿下的商业用地总价 13.22 亿元，楼面地价 32968 元 /m² 从而成为广州单价新“地王”。

结合万科、恒大的产品及拿地情况来看，这两家开发商 2012 年以来降价较积极、定价策略较灵活，且在售项目渐少，其一举拿下商业用地，商业地产有望成为部分房企寻求利润的新突破口。

图 7-2 广州全市标杆房企土地储备情况（2011—2012 年上半年）

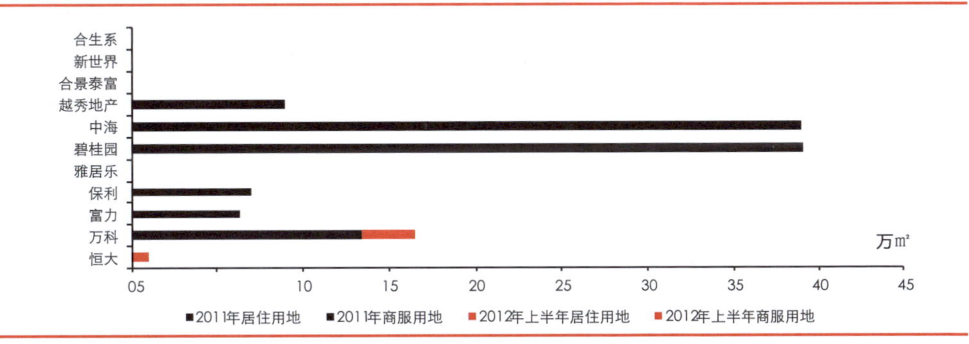

数据来源：广州市房管局

7.2 大力推新盘 发展重心外移

7.2.1 迎战积极 推新份额增加

2012 上半年广州地区[3]商品房预售量 23964 套，同比下降 54%。标杆房企拿证积极性也明显下降，新增预售量 6237 套，同比下降 47%，但标杆房企推货所占份额从 2011 上半年的 19% 上升到 2012 上半年的 26%。

受 2011 年房地产交易市场低迷的影响，标杆房企库存消化能力也大幅退化，库存量进一步积累。进入 2012 年，标杆房企逆市迎战积极性明显较高，以标杆房企带头的大力度去库存成为 2012 年住宅市场主基调。

1. 本文中的标杆房企包括万科、富力、保利、合生系、雅居乐、碧桂园、中海、越秀、合景泰富、新世界及恒大 11 家上市房企。
2. 本文中的“全市”指广州十区，不含增城、从化。
3. 本文中的“广州地区”指广州十区以及增城、从化两个县级市。

图 7-3 广州地区标杆房企住宅新增预售情况（2009—2012 年上半年）

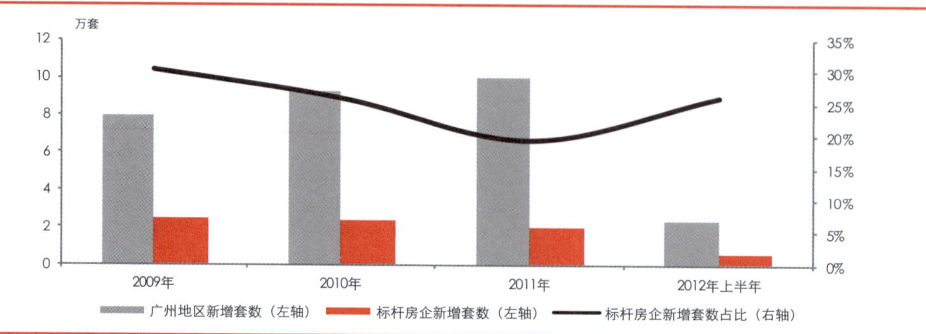

数据来源：广州中原地产数据库

7.2.2 布局外移 郊区新增量大升

2011 年以来，标杆房企继续加大外围市场的供货力度，外围市场供应占比超过 7 成。中心六区中保利、合生供货量占据半壁江山，合生系的供应量超过 1500 套；而以往活跃的万科供应量大降。外围市场成为了近年房企业绩表现突破的重点，各大标杆房企成长战略重心也向其转移。碧桂园主导外围市场，主打增城市场，“凤凰城”成为其推货主力；富力同样大力外拓，且市区的推货量也有所增加；越秀地产市场成长力也已向外围明显转移。

图 7-4 广州地区标杆房企住宅新增预售区域分布（2011—2012 年上半年）

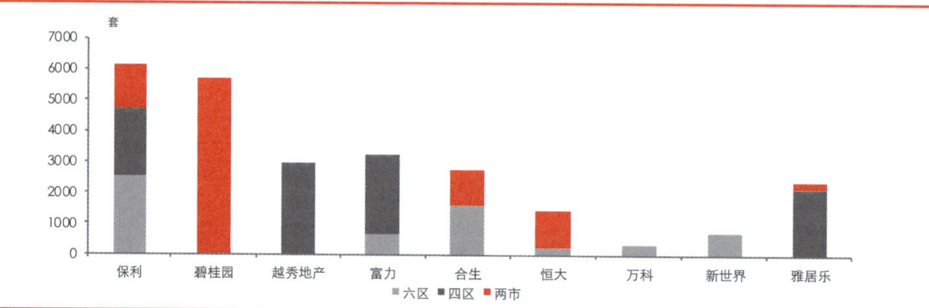

数据来源：广州中原地产数据库

7.2.3 走出观望 推盘节奏加快

2011 年下半年，在楼市政策压力下，众房企惜售、放缓推货步伐。12 月，众开发商上演了一场大型的推货潮，随之而来的新盘开盘、新货加推、余货促销等轮番上演，以保利、碧桂园等带头的标杆房企乘机加速密集推出新房源。

2012 年尽管新增预售的房源大幅下降，但市场可售货量相当充裕。1—2 月市场迎来传统淡市，新增预售房源总量更是跌入冰点；3 月市场提前升温，市场供应大增；为迎接“五一”黄金月，4 月新增供应再次飙升，其中标杆房企也纷纷告别观望，引领广州楼市供应浪潮。碧桂园名下的增城、花都、番禺石楼项目大批房源入市；合生系市区的“珠江帝景”、“盛景家园”也随后推出；富力的“唐宁花园”借势而上。5 月市场交易再升温，保利、雅居乐等大批房源再掀推货潮。

7.3 促销多样化 定价是关键

7.3.1 推货策略转变 降价成常态

逆市争锋，标杆房企推货策略也出现转变。面对市场浓郁的观望氛围，高“性价比”项目成为开发商强销利器。标杆房企各出高招，开盘宣传及广告投放力度加大。促销招揽顾客成为常态，从推出特价房到总价打折，从诚意登记抵房款到团购打折，从送面积、送装修到送物管费，从送车到送车位。

广州地区标杆房企项目主要促销手段 表 7-1

房企	楼盘名称	区域	开盘日期	供应量（套）	首日销售量（套）	优惠	折后均价（元 /m^2）
富力	富力君湖华庭	荔湾	2012-1-02	128	30	88 折，送 68888 元购房券，两年免费用车位	28000（带装修）
新世界	新世界凯粤湾	荔湾	2012-1-14	180	40	10 重折扣：直降 85104 元	20000（带装修）
保利	保利公园九里	荔湾	2012-2-18	150	100	最大折扣为 88 折	12000（带装修）
越秀	南沙滨海花园	南沙	2012-2-27	96	96	内部员工价	6500 （毛坯）
保利	保利天悦	海珠	2012-3-29	198	160	5 万抵 10 万，开盘 98 折	21000（带装修）
碧桂园	碧桂园凤凰城	增城	2012-3-30	90	30	业主推介，按面积双方各免 3 年管理费；业主置业按面积免 6 年管理费	7800 （毛坯）
雅居乐	雅居乐城南源著	番禺	2012-4-29	375	210	88 折，搜房团购再 99 折	11000 （毛坯）
恒大	恒大御景湾	金沙洲	2012-5-01	372	300	85 折	11000（带装修）
万科	万科东荟城	萝岗	2012-5-19	160	80	成交即送马尔代夫双人游	13000（带装修）
合生	珠江帝景苑	海珠	2012-6-23	670	50	下定 10 万，享受 99 折，总价减 30 万，送 5 年管理费	30000（带装修）
新世界	岭南新世界	白云	2012-6-30	174	150	5 万可享 88 折，总价减 5 万，再享 98 折	16000（带装修）

数据来源：广州中原地产数据库

大体量的标杆性楼盘在淡市唱起独角戏，但多是分批开盘，推货量以小批量为主。主推产品方面，在市场交易相对低迷的情况下，2012 年上半年标杆房企主打刚需盘，瞄准首次置业买家。下半年起，预计广州楼市产品供应结构将得以改良，市区中高价位的楼盘也会陆续入市，中大户型也将逐渐增多。

7.3.2 大片区促销 多类型降价

2011 年末至 2012 上半年，标杆房企大打促销战，降价范围扩张，降价产品大增。“低开高走”成了房企常用策略，试图借此打破楼市调控下的销售僵局。

“万科柏悦湾”、“万科东荟城”、“保利公园九里”、“雅居乐城南源著”、“碧桂园莲山首府”等项目均低于吹风价上市，价格相比周边项目明显较低。至于货源充足的旧盘，则大多都有一定的折扣，如“中海金沙湾”、“万科府前一号”等项目有 1~2 成的降幅。部分房企如雅居乐、碧桂园等大型项目推出的特价单位降价幅度也较大。除此之外，部分房企更是全线降价，2 月越秀宣布旗下的 5 个楼盘 8.8 折起出售，恒大等房企也出现大规模调价促销。

7.4 逆市寻突围 保利成长加速

7.4.1 个别房企淡出 市场份额下降

市场调整时期，部分标杆房企领先优势略有下降。2011 年后标杆房企的市场份额呈逐渐下滑趋势。2012 年上半年标杆房企广州地区销售总额 167 亿元，占广州地区市场总份额的 31%，较 2011 年下降 7 个百分点，整体扩张水平明显下降。主要由于标杆房企市场表现出现分化，尤其中海、恒大、合景泰富随着在售项目的明显减少，销售量也明显下行，市场份额下降明显。与此同时，敏捷、香江、时代等房企成交量飙升，成为市场新秀。

7.4.2 外围地区成业绩重要增长点

当前市场环境下，标杆房企在外围地区销售速度的优势已经显现，销售额集中度也明显提升。碧桂园、雅居乐等大型房企项目在外围地区销售量居前，且销售业绩的同比增幅明显。近年标杆房企的新增供应也向外围转移，可以预计的是随着市场化进程的不断推进，外围市场的集中度将有很大的提升空间，标杆房企的市场占有率有望进一步提升。

图 7-5 广州地区标杆房企签约套数市场份额变化（2009—2012 年上半年）

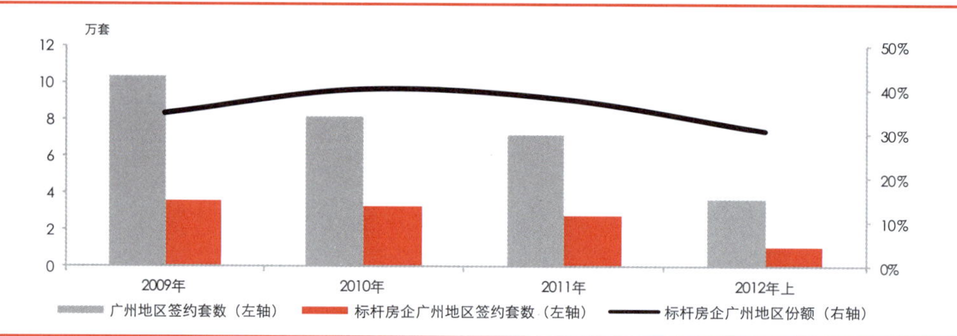

数据来源：广州中原地产数据库

图 7-6 广州地区标杆房企住宅签约套数分布（2011—2012 年上半年）

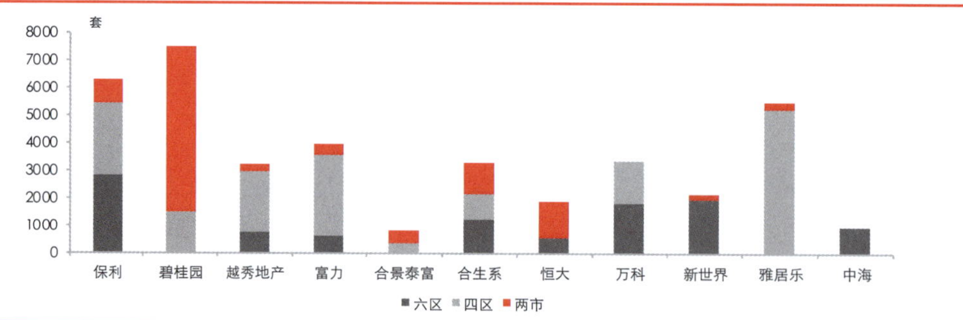

数据来源：广州中原地产数据库

7.4.3 保利推货密集 终成大赢家

2012 年上半年保利销售额超过去年全年，2011—2012 年上半年累计实现销售额 91 亿元，其住宅销售业绩远高于行业平均水平，且增长最快。主要是因为保利上半年加大推盘力度，尤其是第 2 季度之后推货速度再度加快，旗下的多个楼盘降价。中海、合景泰富、恒大等随着在售项目的减少，销售额也急剧下降。

图 7-7 广州地区标杆房企住宅签约金额情况（2011—2012 年上半年）

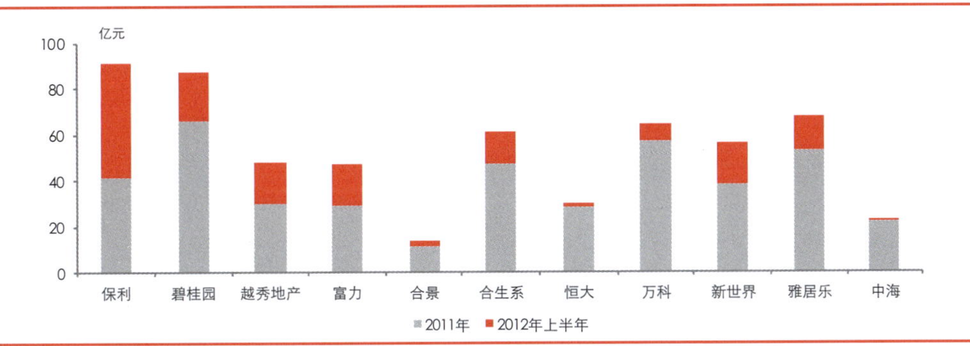

数据来源：广州中原地产数据库

第 8 章 新车站新商圈 南站推地不逢时

广州中原研究部　崔云霞

2010 年广州南站正式启用，集多条客运站专线及城际高速轨道，辐射珠三角乃至全国。目前被定位为华南地区综合客运交通枢纽、现代商务商贸服务业新都会，是广州“十二五”期间重点打造的高端商务集聚区。南站先上配套后建城，目前核心区第一期基础设施已基本完成，总长度约 1.5 公里的中轴广场建设也基本完成。

8.1 批量推地 高调宣传

图 8-1 广州南站地理位置

资料来源：广州中原地产研究部

南站核心区共有 32 宗地，2011 年 9—11 月房管局先后挂出 29 宗南站地块，总面积超过 41 万 m^2。短短 3 个月南站地区的挂牌量相当于整个珠江新城花城广场的面积，核心区域内具备出让条件的所有地块悉数推出。成为继亚运城、珠江新城、白云新城之后罕见的大片区土地出让，推地速度之快在广州历史上前所未有。

作为近两年力荐的重点功能区，政府把南站推地工作放在相对高位，宣传力度较大。为了吸引开发商积极加入南站的开发，2011 年 6 月广州隆重举行土地推介会，随后 10 月大张旗鼓到香港推介。假设这些地块全部出让，将有 157 亿元的土地出让金收入。

图 8-2 广州南站整体规划效果图

资料来源：广州中原地产研究部

广州南站核心区 32 宗用地列表（2009—2012 年 6 月）

表 8-1

序号	地块编号	用地性质	占地面积（m^2）	容积率	建筑面积（m^2）	挂牌底价（万元）	楼面地价（元 /m^2）
1	BA0503038	二类居住用地	9017	≤ 5.0	≤ 45085	31560	7000
2	BA0503039	二类居住用地	30037	≤ 4.0	≤ 120148	84104	7000
3	BA0503020	二类居住用地	27564	≤ 3.0	≤ 82692	57884	7000
4	BA0503031	商住混合用地	20241	≤ 8.0	≤ 161928	113350	7000
5	BA0503037	商住混合用地	6653	≤ 6.0	≤ 39918	27943	7000
6	BA0501052	商住混合用地	19574	≤ 9.0	≤ 176166	123316	7000
7	BA0501002	商住混合用地	19118	≤ 9.0	≤ 172062	120443	7000
8	BA0501006	商住混合用地	5417	≤ 8.0	≤ 43336	30335	7000
9	BA0503022	商住混合用地	11510	≤ 8.0	≤ 92080	64456	7000
10	BA0501119	商住用地	20807	≤ 6.0	≤ 124840	87388	7000
11	BA0501126	商住用地	19697	≤ 6.0	≤ 118181	82727	7000
12	BA0502118	商住用地	16276	≤ 3.5	≤ 56967	39877	7000
13	BA0502122	商住用地	6064	≤ 3.0	≤ 18193	12735	7000
14	BA0502129	商住用地	12256	≤ 3.0	≤ 36767	25737	7000
15	BA0502111	商业金融业用地	13240	≤ 4.0	≤ 52958	26479	5000
16	BA0501025	商业金融业用地	4220	≤ 8.0	≤ 33759	16880	5000
17	BA0501077	商业金融业用地	5428	≤ 8.0	≤ 43425	21713	5000
18	BA0501074	商业金融业用地	11914	≤ 10.0	≤ 119137	59569	5000
19	BA0501082	商业金融业用地	12787	≤ 6.0	≤ 76721	38361	5000
20	BA0501131	商业金融业用地	18119	≤ 6.0	≤ 108711	54356	5000
21	BA0502111	商业金融业用地	13240	≤ 4.0	≤ 52958	26479	5000
22	BA0502112	商业金融业用地	10177	≤ 5.0	≤ 50887	25444	5000
23	BA0502131	商业金融业用地	16194	≤ 3.0	≤ 48583	24292	5000
24	BA0501107	商业金融业用地	19217	≤ 6.0	≤ 115299	57650	5000
25	BA0501116	商业金融业用地	15807	≤ 7.0	≤ 110648	55324	5000
26	BA0501022	商业金融业用地	15269	≤ 10.0	≤ 152685	76343	5000
27	BA0503022	商业金融业用地	11510	≤ 8.0	≤ 92080	64456	7000
28	BA0501009	商业金融业用地	4597	≤ 8.0	≤ 36773	18387	5000
29	BA0501012	商业金融业用地	16217	≤ 10.0	≤ 162172	81086	5000
30	BA0501033	商业金融业用地	13944	≤ 10.0	≤ 139443	69722	5000
31	BA0501034	商业金融业用地	12123	≤ 8.0	≤ 96984	48492	5000
32	BA0503021	小学用地	12760	≤ 0.4	≤ 5104	—	—

数据来源：广州中原地产研究部

8.2 大举招亲 遭遇冷场

南站新商圈起步艰难，卖地惨遭冷场。广州政府有意将南站地块包装成明星产品，可谓集万千宠爱，粉墨登场，但无奈首场秀却黯然落幕。2011 年 11 月迎来了当年最大规模的一场土地拍卖，这场土地盛宴终敌不过房产调控带来的市场寒冬，南站第一次推地将 15 宗待出让地块缩水至 3 宗，第二次又于开拍前 3 小时临时中止了 14 宗中 12 宗土地的出让。南站当年最终仅出让了 5 宗地块，且全部底价成交。自 2011 年推地冷场后，南站推地节奏放慢。2012 年上半年共推出 3 宗地块，其中 2 宗出现小幅溢价，但溢价幅度始终有限。

虽然南站规划星光闪耀，但房企参与意愿似乎不高。早在推介会上，香港南丰勾了其中的 7 宗地，但正式出让时终放弃，也不见其他大房企参与的踪影。外地房企似乎对南站更感兴趣，路福房地产、发现地产等前期进入开发队伍。截至 6 月 31 日，广州南站共成功出让 8 宗地块。这与当初广州政府对于南站土地推地美好的设想显然大相径庭，相比之前珠江新城、白云新城等出让热度远远不及。

广州南站核心区土地成交情况（2011—2012 年上半年）　　表 8-2

出让日期	地块编号	用地性质	用地面积（m^2）	挂牌底价（万元）	成交价（万元）	楼面地价（元 /m^2）	竞得人
2011-11	BA0501009	商业金融业用地	4597	18387	18387	5000	奥园集团
2011-11	BA0501034	商业金融业用地	12123	48492	48492	5000	奥园集团
2011-11	BA0501006	商住混合用地	5417	30335	30335	7000	尚泰投资
2011-11	BA0501082	商业金融业用地	12787	38361	38361	5000	耀中房地产
2011-11	BA0502122	商住用地	6064	12735	12735	7000	尚泰投资
2012-01	BA0501077	商业金融业用地	5428	21713	21713	5000	路福房地产
2012-02	BA0501025	商业金融用地	4220	16880	18000	5332	发现地产
2012-03	BA0502111	商业金融业用地	13240	26479	26679	5038	锦绣投资

数据来源：广州中原地产研究部

8.3 逆市推地 宏图难展

8.3.1 时机不济 市场寒冬推地

2011 年上半年，房地产调控政策密集出台，下半年住宅成交量明显萎缩。尤其在 9 月以后广州成交量陷入低谷，土地市场也随之不景气。2011 年大约 90% 的地块底价成交，高价成交地块大大减少。之前热炒的白云新城、芳村高尔夫等地块成交价大幅下降，如芳村高尔夫地块 2010 年楼面价约 6500~7500 元 /m^2，但 2011 年推出的宅地及商业地块均遭到冷场，宅地楼面价仅 4407 元 /m^2； 2010 年开始热炒的广氮社区推出 3 宗用地，但均未能顺利出让。在如此背景之下，南站地块的上市可谓生不逢时，且一次性推出 20 多宗地的经营手段难免让资金紧缺的房企消化不良。

图 8-3 广州市住宅及商服用地成交情况（2007—2012 年上半年）

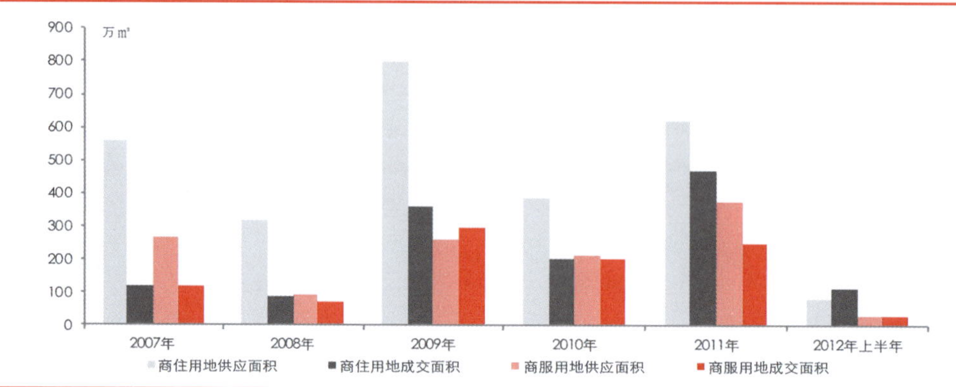

数据来源：广州中原地产研究部

8.3.2 定位超前 起拍价格偏高

南站推出的居住用地、商住用地挂牌起始价为 7000 元 /m^2，商业金融业用地为 5000 元 /m^2。此前南丰在土地推介会上以 4000 元 /m^2 勾出，但政府的心理价位明显要高于开发商此前的价格可接受底线，这或是南丰最终放弃南站地块的重要原因之一。事实上这一定价相比周边也略显偏高，7000 元 /m^2 的起拍价与番禺目前的单价地王 7295 元 /m^2 相差不远。

8.3.3 商圈初启 市场前景难测

商业转移承接需要一个过程，南站作为一个新兴的商圈尽管规划前景可观，但未来实际发展依然前景未卜。南站商圈起步未现雏形，而真正的成型又要经过较长的一段时间，难以实现跳跃式发展。与之相比市区具有成熟的配套环境，大房企更专注旧城改造，近两年富力、保利、万科等纷纷投身其中，或无暇顾及南站的新商机。然而对于小房企来说，过早进入的开发商如果实力背景不雄厚，有可能熬不过前期这个阶段而沦为炮灰。

8.4 转机仍在 前景看好

南站土地的出让有着重要的意义。一是，推动周边楼市发展，目前南站周边楼盘已快速成为广州楼市热点，尤其是钟村、大石一带，将来南站周边商业配套成熟、居住氛围增加后，周边楼盘的光环将愈加耀眼；二是，能够拉大广州城市框架，附近市政设施成型后，南站与汉溪长隆板块将很自然连接成一个面，从而带动起整个片区的发展，加速广州南拓步伐。

番禺区将“南站 - 汉溪长隆”地区定位为城市次级公共中心，南站将带动以汉溪长隆为核心的番禺新城地区，发展高端商务商贸，形成广州南部的公共中心。尽管目前南站的土地出让未及预期，但预计未来会有转机。从市场整体情况看，2012 年以来广州住宅市场逐步走出低谷，年中房企拿地意愿已有抬头，下半年出手购地的意愿将更高。同时从自身的发展看，南站未来发展潜力巨大。一是，南站目前已被赋予相对高的规划定位，在政府主导支撑下南站的发展进程能够得到保障；二是，南站作为广州新兴的大型交通枢纽，自身硬件雄厚，位置、规模等难以复制，在商圈开发逐渐成熟之后，南站地块或将引起新一轮争抢潮。

第 9 章 广州一手住宅降价轨迹

广州中原研究部　赖颖红

始于 2011 年 1 月（以“新国八条”为标志）的第五轮房地产调控在 2012 年进一步延续，随着调控政策的不断深入，市场成交低迷，买卖双方处于博弈阶段。2011 年岁末市场僵局被打破，开发商终于作出让步，采用价格下调作为促销的主要手段，降价楼盘逐渐增多。

与往次降价由郊区起步不同的是，此轮降价的星星之火从市中心的核心地段点燃。随后的 2012 年上半年，广州住宅市场逐渐进入降价高潮，几乎是“热销必降价，降价必热销”。2012 年 5 月的传统销售旺季如期而至，广州十区一手住宅网签面积达到了 71.14 万 m^2 的高位。

9.1 五成楼盘降价 降价潮蔓延全市

2011 年末至 2012 上半年中原监测显示，广州一手住宅降价楼盘分布区域广泛，涵盖多种产品类型及不同产品层级。不同于 2008 年的上一轮降价潮主要集中在边郊区域，此次广州的新房降价几乎没有规律可循，但这也恰恰说明了此轮楼市降价的深度和广度，是在持续政策调控背景下的一轮历史上罕见的名副其实的大范围、普遍性降价。

2012 上半年无论是从成交套数还是面积上看，网签价较 2011 年第四季度出现下降的楼盘比例超过 5 成，且有 6% 的楼盘降价幅度超过 20%。

图 9-1 广州市楼盘价格变动情况分布（2012 年上半年）

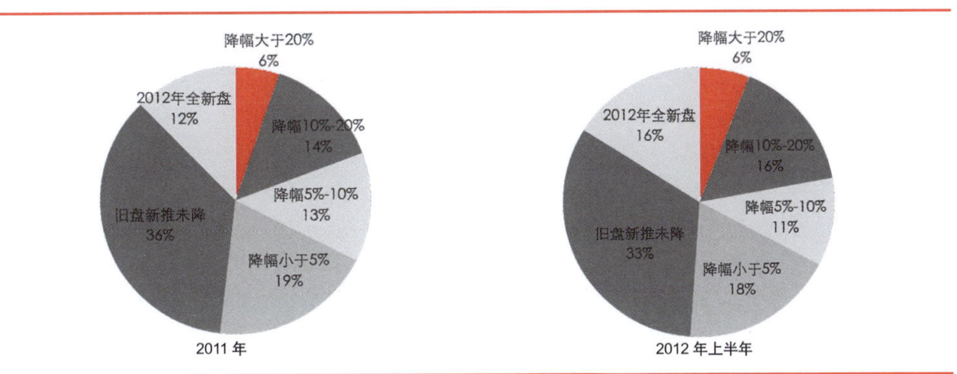

注：价格变动 =2012 年上半年均价 /2011 年四季度均价
数据来源：阳光家缘 广州中原研究部

从 2011 年末至 2012 上半年广州一手住宅降价的实际情况来看，降幅超过 20% 的楼盘不仅仅分布在番禺、花都、南沙等边郊区域。一些在 2011 年岁末进行了大幅降价并且基本清货的楼盘 2012 年没有新推，但同样是此轮降价楼盘的重要组成部分；而 2012 年全新上市的楼盘虽然无法与 2011 年进行价格比较，但大多可谓低价入市——与周边项目市场价相比价格更低；许多楼盘在 2012 上半年以少批量的“一口价”形式进行降价促销，虽然从单个楼盘均价上看降幅不大，但此类项目的成交总量不少。

广州市降价幅度超过 20% 的部分楼盘汇总（2012 年上半年） 表 9-1

区域	楼盘	2012 年上半年			2011 年第四季度			均价变化
		成交量（套）	成交量（m^2）	均价（元 /m^2）	成交量（套）	成交量（m^2）	均价（元 /m^2）	
番禺区	金山谷花园	190	17,743	12,640	65	8,928	18,367	-31%
番禺区	珊瑚湾畔	352	67,249	12,366	22	4,296	15,823	-22%
番禺区	上轩	76	5,695	11,214	23	1,708	14,335	-22%
番禺区	雅居乐七里海	131	14,495	8,101	27	2,911	10,308	-21%
花都区	合和新城	192	15,683	8,335	278	25,851	10,580	-21%
花都区	嘉爵园	13	1,498	10,099	73	10,565	15,711	-36%
花都区	颐和盛世花园	152	19,330	6,911	33	5,509	9,048	-24%
南沙区	龙光棕榈水岸	399	37,314	7,180	118	12,340	8,983	-20%
南沙区	南沙奥园	64	10,323	9,093	30	5,001	14,697	-38%
南沙区	南沙御景花园	47	5,940	6,401	21	2,661	8,083	-21%
增城市	誉山国际	109	17,340	10,322	33	6,533	13,165	-22%
从化市	人盛巴厘天地	98	8,478	5,011	87	8,629	6,533	-23%
从化市	望谷御泉	61	8,795	6,365	6	1,523	9,242	-31%

注：均价变化 =2012 年上半年均价 /2011 年四季度均价　　数据来源：广州中原研究部

9.2 降价必热销 热销必降价

9.2.1 降价区域：从中心区到新兴区域难有幸免

■ 中心区降价第一盘打破博弈僵局

2011 年 12 月 3 日，海珠区地铁站附近的“纵横国际”公寓突然下调价格，推出“一口价”单位（毛坯）13800 元 /m^2 起售，相比之前接受认购时对外宣称的（豪装）23000~25000 元 /m^2 足足下降了约 1 万元。其销售中心出现了广州楼市久违的排队看房盛况，降价单位几乎一抢而空。作为“跳水第一盘”的“纵横国际”公寓在此波降价潮中具有指标性意义，启动了广州市区在售楼盘的降价大幕。

■ 核心城区学位房也不抗跌

2011 年 12 月 16 日，越秀区“淘金家园”全新一期“淘金峯璟”单价突降 1 万元，推出 200 多套“一口价”单位，相当于在之前网签均价 30000 元 /m^2 的基础上打了 7 折。当晚销售中心人山人海，签约至凌晨，销售过百套。

城市 Market

楼事 Story

数据 Data

2011 年 12 月 24 日，老城区叫价最高、拥有名校资源优势的“东方文德广场”以 32000 元 /m^2 的惊喜价开盘，比之前的吹风价下降了 5000 元 /m^2，吸引大批学位房买家选购。学位房一直是越秀区的王牌，但在此轮降价潮中也难以置之度外。

■ 新兴区域金沙洲、南沙成“重灾区”

2012 年 2 月，金沙洲楼盘终于按捺不住降价的冲动，越秀旗下的“星汇金沙”率先以“9 字头”推出特惠单位，相当于 2009 年初的价格水平。随后，“中海金沙湾”、“保利西海岸”、“万科金域蓝湾”、“元邦明月金岸”也纷纷出现价格下调。

2011 年南沙楼市受规划利好拉动成交量价一支独秀，但到 2012 年团购、裸卖成为常态，有些楼盘的价格比 2011 年底的最高点下降超过 20%。

金沙洲、南沙是广州近两年楼市发展迅速的新兴区域，但在大环境的考验下，在产品的激烈竞争下，也成为降价的“重灾区”。金沙洲多个楼盘单价跌到“9 字头”，南沙多个楼盘单价跌到“5 字头”。

9.2.2 降价房企：龙头房企引领 降价成为趋势

■ 万科领衔低价开盘

2011 年 12 月 17 日，作为房企龙头老大之一的万科大幅度下调项目开盘价格，位于地铁 5 号线坦尾站周边的“万科柏悦湾”三期开盘价以 12900 元 /m^2 起，比楼盘二期均价每 m^2 低了 6000 元。开售当日人气火爆，180 套单位消化八成。随后，“万科东荟城”、“保利公园九里”等全新楼盘都低于吹风价开盘，代表着广州一手住宅市场低价开盘已成为趋势。

■ 恒大、越秀全力降价促销

2012 年春节过后，广州多家开发商相继推出促销降价措施。恒大以 15 周年庆典为名展开 10 亿元人民币大优惠活动，最高折扣为 5 个点，旗下的“恒大御景半岛”、“恒大绿洲”、“恒大山水城”、“恒大金碧天下”等 8 盘联动，推出数千套新品及特惠房源。

自 2 月 17 日起，越秀旗下的 5 个楼盘全线 8.8 折起售，限时 18 天，被视为春节后广州房地产开发商最具规模的调价行动。大开发商的系统性降价行为不仅带动了其他中小开发商的跟进，同时也加大了大众对降价的心理预期。

9.2.3 降价产品：豪宅、高端公寓纷纷加入降价

■ 豪宅也难独善其身

2011 年下半年，由合景泰富、新鸿基、富力三大巨头联手打造的珠江新城标杆综合体旗舰“天銮”酝酿上市，由于优越的位置、雄厚的背景、高端的定位从而引起市场对其定价的广泛关注。2011 年 11 月 20 日，“天銮”正式对外发售，34000 元 /m^2 起的价格远低于业内预期的 50000~70000 元 /m^2。这也从侧面反映了开发商对后市的判断并不乐观，预示了以价换量时代的到来。从成交结果看，该项目定位超级豪宅，面积大、总价高，但开盘当天依然销售超过百套。

2012 年 4 月，广州楼市促销大战愈演愈烈，更多豪宅难以独善其身。位于番禺洛溪岛的江景豪宅“珊瑚天峰”加推单价直降 5000 元，最低 9800 元 /m^2，均价 12000 元 /m^2。不少买家都赶在降价期间入手，解筹现场人气爆棚，400 套单位销售 8 成。同为番禺区豪宅的“星河湾盛荟”也加入降价潮，最低仅需 19500 元 /m^2（带 10000/m^2 装修），与之前半年该盘 24170 元 /m^2 的成交均价相比直降 5000 元 /m^2。

豪宅市场消费群对价格的敏感度相对较弱，但同样受到大环境的影响，加之房产税征收风声四起，都制约了买家入市的信心。

■ 不限购的高端公寓也降价

2012 年 3 月，天河北高端公寓“瑞安创逸”调整产品策略，从早前的精装修房变为推出部分毛坯单位，以满足更多稳健性投资客户的需求，发售均价从 27000 元 /m^2 降至 21000 元 /m^2，出现了 6000 元 /m^2 的价格跳水。

2012 年 3 月 29 日，与“天銮”隔江相望的琶洲村改造项目“保利天悦”首推 92~127m^2 的公寓产品，最低价 18888 元 /m^2 起，均价也仅 21000 元 /m^2。开盘当天现场气氛热烈，198 套单位销售约 60 套。

高端公寓在不限购的情况下或低价开盘或裸卖促销，更显示出开发商的取态已经从观望转向竞相降价出货。

9.3 降价潮收尾 未来定价仍是关键

随着成交量的逐月攀升，特别是 2012 年 5 月、6 月全市网签面积均达到 65 万 m^2 以上的高位，市场回暖信号使得部分开发商心态转向乐观。金沙洲、南沙等区域楼盘的价格逐渐回升，“淘金峯璟”、“纵横国际”等早先大幅降价的楼盘价格出现回调，低价开盘的“保利天悦”、“保利公园九里”、“东方文德广场”等价格同样出现上调，标志着此轮降价高潮逐渐过去。

总结而言，第一，此轮降价潮打破了大众原来对市中心楼盘尤其是学位房抗跌的惯性认识，证明抗跌没有绝对、只有相对；第二，在降价潮的推进过程中，龙头房企的引领作用依然不可小觑；第三，即使是对价格敏感度较弱的豪宅买家，在大环境不景气的影响下同样需要降价促销以吸引其产生购买行为。

虽然调控制之下楼市成交量低迷了很长一段时间，但潜在的购房需求依然庞大，只要制定合适的价格就会刺激部分购买力释放。从降价幅度对销售的拉动效应来看，一般价格下调 10% 左右就能改变一部分购房者的观望心态。

第 10 章 限购之后消费趋势大众化

广州中原研究部　赖颖红

广州作为一线城市中房价最低的城市，是最早实行限购政策的城市之一。自从 2010 年 10 月以来，在以“限购”为核心的房地产调控措施的作用下，住宅市场的过热需求得到明显约束，价格上涨势头得到明显遏制，尤其是城市边郊区域、相对低价位的楼盘成交份额不断扩大，这也反映了“限购令”之下购房消费的大众化、自住性趋势日益明显。

10.1 “限购令”发威 楼市变脸

10.1.1 “限购令”出台 从限增量到限存量

2010 年 10 月 15 日，广州正式出台“限购令”，规定本市户籍家庭以及能够提供本市 1 年以上纳税或社保证明的非本市户籍家庭，只能新购买一套商品住房。

2011 年 2 月 24 日，广州十区“限购令”收紧，规定本市户籍家庭不准购买第三套商品住房、常住非本市户籍家庭不准购买第二套商品住房。自从实行严厉的限购政策之后，广州楼市发生了怎样的显著变化呢？

广州市限购政策相关规定　　表 10-1

日期	户籍	限购类型	限购内容	限购范围
2010 年 10 月 15 日	本市家庭、常住非本市家庭	限增量	只能新买 1 套	十区
2011 年 02 月 24 日	本市家庭	限存量	不准买第 3 套	十区
	常住非本市家庭		不准买第 2 套	十区

资料来源：广州市国土资源和房屋管理局

10.1.2 量跌价稳 限购效果明显

成交量方面，2012 年上半年广州十区一手住宅交易登记面积 258.20 万 m^2，比限购前的 2010 上半年下降 23%，比 2009 上半年下降 40%。虽然成交量的下降是各项调控政策综合影响的结果，但其中最核心的影响因素无疑是限购政策。

成交价格方面，在实行“限购令”之前的 2006—2010 年，广州一手住宅价格呈现逐年明显上涨的态势，仅在 2008 年间有所放缓；但在实行“限购令”之后的一年半时间里，广州楼价整体维持平稳，上涨趋势得到抑制。

成交人群方面，在以“限购令”为核心的调控政策下，购房者投资意向减弱，投资需求被挤出。以投资型买家为目标人群的楼盘销售进度缓慢，例如靠近北京路商圈的“金润铂宫”以及处于石牌西电脑城商圈的“中铁盛德国际公寓”。

图 10-1 广州市十区一手住宅成交量价走势（2006—2012 年上半年）

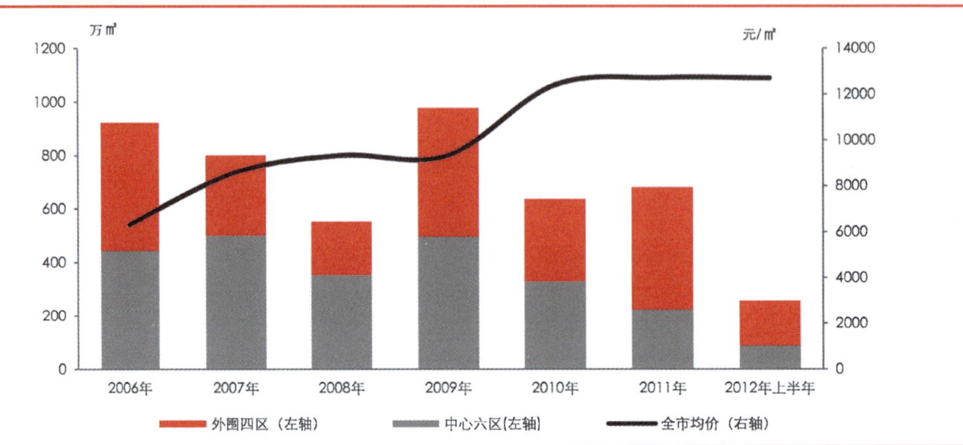

数据来源：广州市国土资源和房屋管理局

10.2 “限购令”作用下刚需盘热销

10.2.1 购房者青睐刚需盘

从广州十区两市的范围来看，2012 上半年销售前 10 位的楼盘中，有 6 个楼盘成交均价低于十区两市的同期均价 11550 元 /m^2，例如“碧桂园凤凰城”、“翡翠绿洲”、“南沙滨海花园”等。

2012 上半年销售量排名前 10 位的楼盘，大多都是针对大众买家的大盘，开发周期均在 5 年以上，部分甚至在 10 年以上，产品定位则主要以刚需购房者为主。不限购、仅限价的增城成为热销楼盘最集中的区域，当地成交量占前 10 位榜单的 34%，价格优势使其深受首次置业买家的青睐。

广州市 2012 上半年楼盘销量 TOP10　　表 10-2

排行	楼盘名称	网签量（套）	网签价格（元 /m^2）	所在区域
①	碧桂园凤凰城	1294	7587	增城市
②	翡翠绿洲	936	7215	增城市
③	南沙滨海花园	874	7122	南沙区
④	富力金港城	834	6683	花都区
⑤	保利西海岸	804	16638	白云区
⑥	锦绣半岛银湾	781	11990	番禺区
⑦	万科府前花园	764	7653	南沙区
⑧	雅居乐剑桥郡	743	14312	番禺区
⑨	保利公园九里	629	14135	荔湾区
⑩	锦绣半山御景	617	4867	增城市

数据来源：阳光家缘 广州中原研究部

10.2.2 外围区域成交份额扩大

限购后广州一手住宅成交总价在100万以下单位占全市总成交套数的5成以上，且大多分布在外围区域，如花都、南沙、增城等。尤其外围四区越来越受到刚需买家关注，成交份额由限购前的41%上升至限购后的46%，提高了5个百分点。

郊区两市在增城多个热销楼盘的拉动下，成交份额亦有所上升。增城2012年上半年的一手住宅成交面积约106.18万m^2，超过中心六区同期的总和。

图10-2 广州市限购前后一手住宅成交份额区域分布

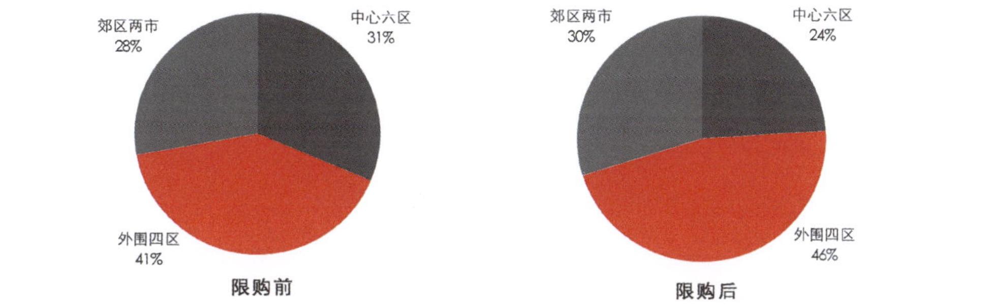

郊区两市
28%
中心六区
31%
外围四区
41%
限购前

郊区两市
30%
中心六区
24%
外围四区
46%
限购后

数据来源：阳光家缘 广州中原研究部

10.3 中大户型、中低价位产品受欢迎

10.3.1 限购推动中大户型成交

按成交数据统计，限购后70~140m^2的中小户型成为成交主力，该面积段产品约占全市成交总量的八成。110~140m^2的户型产品比限购前上升了11个百分点，这表明在“限购令”作用下为了节省购房指标，更多买家希望一步到位买一套较大的房子。180m^2以上大户型的成交减少，由限购前的8%下降至限购后的6%，市场承接力水平回落。

图10-3 广州市限购前后一手住宅成交单位面积区间比例

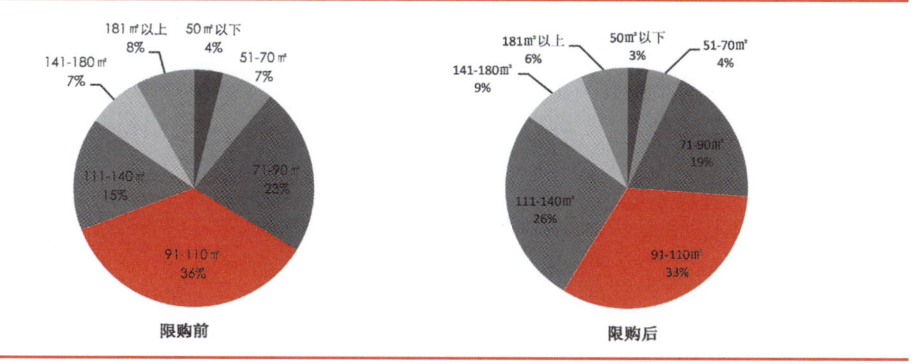

数据来源：阳光家缘 广州中原研究部

中心六区中，海珠区成交面积在90~110平方米的户型产品比例最高，约占5成，例如“罗马家园”、“力迅时光里”等热销楼盘都重点推出大两房或小三房户型；外围四区中，产品以70~110m^{2}的中小户型为主，例如“富力金港城”、“保利花城”等楼盘；郊区两市增城、从化则主打90~140m^{2}的产品。

10.3.2 中低价位产品仍是成交主体

从成交单位的价格分布来看，限购后广州一手住宅低价产品中单价8000元/m^{2}以下的单位约占全市总量的43%，较限购前上升了2%，这是因为外围区域尤其是花都、南沙、增城、从化等低价项目成交集中；单价15000元/m^{2}以下的单位约占全市总成交量的8成，中低端项目仍是市场成交主体。高端产品成交减少，单价20000元/m^{2}以上的单位仅占全市总成交量的9%，比限购前下降2%。

图 10-4 广州市限购前后一手住宅成交单价区间分布

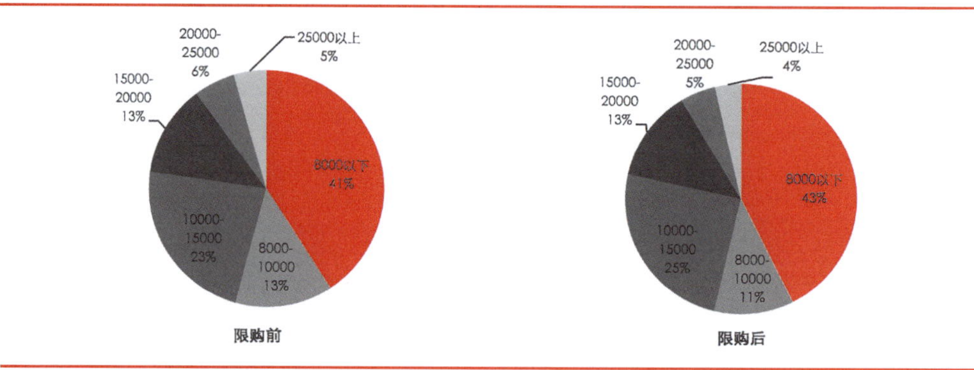

数据来源：阳光家缘 广州中原研究部

后“限购令”时代，自住需求仍将继续主导楼市成交，尤其是中小户型、中低价格的大众化产品，预计2012下半年，依然是此类产品支撑市场，大众化的消费趋势有望保持延续。限价不限购的增城在低价项目的带动下，且受地铁21号线将开通的利好因素影响，成交将继续保持活跃。

第 11 章 珠江新城弱冠之年 观其 20 年发展历程

广州中原研究部　张光耀

2012 年恰好是珠江新城发展的第 20 个年头，在这 20 年间由荒野菜田变为现在寸土尺金的 CBD，土地市场和写字楼市场一路蓬勃发展，伴随并见证了这场神奇的演变。作为广州最高规格的 CBD 区域，珠江新城也成了广州"地王"最好的温床。

从目前珠江新城来看，缺乏对区域性质的规划、提前透支土地价值、经营方式雷同与项目同质化等现象依然存在，其未来发展任重而道远。

11.1 20 年珠城 20 年变迁

面对广州"地王"最好的温床——珠江新城，很难想象在 20 年前却只是一块西洋菜地。

20 世纪 90 年代初，那里是一大片田地，但这块地所处的位置北侧是 1985 年成立的天河区，南侧是广州的母亲河——珠江，西侧是发展中的五羊新城。无疑，这块地蕴涵商机，也就是今天我们看到的珠江新城。

1992 年，广州市政府决定以美国托马斯公司方案为基础，编制出控制性详细规划。按照这个规划，珠江新城将建成广州未来的中央商务区（CBD），面积 6.19km^2，人口规模预测可达 17~18 万，提供近 35~40 万个就业岗位。

1999 年，广州市政府提出对珠江新城前期规划和建设管理情况进行全面检讨，回顾规划对地块的指导作用和面临的问题，促使珠江新城规划向更成熟的方向调整。 在整体空间脉络上，规划强调了东西向的现代骑楼商业活动轴线和珠江岸线景观走廊，强化了南北向的珠江新城中轴线和猎德村落风情景观带（猎德村地块最后成为了 2007 年的"地王"）。新规划将原规划中的 440 个小开发地块整合为 269 块综合地块开发单元，采用建筑周边围合的布局方式，由此建构由街坊、街区、地域单元三者递进的空间单元组成的结构体系。

图 11-1 广州市珠江新城区位规划图（2012 年）

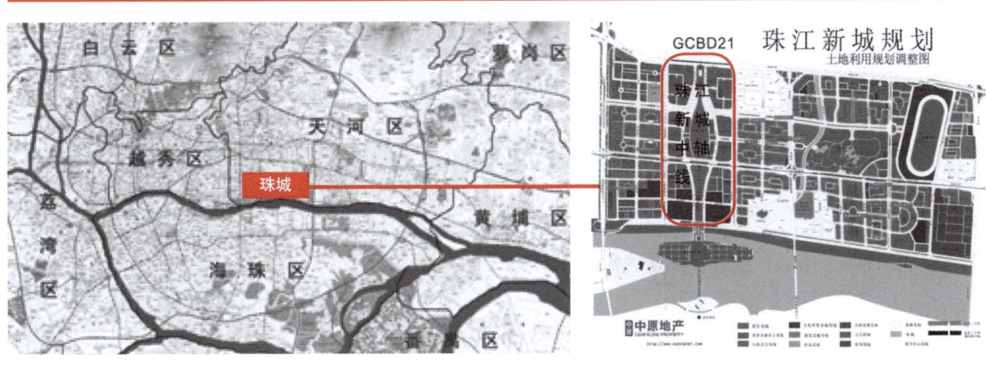

资料来源：广州中原研究部

2004 年，珠江新城中轴线城市广场设计展开；2005 年，兴盛路步行街设计展开，广州歌剧院开工；2006 年，新图书馆动工；2007 年，珠江新城标志性建筑西塔动工；2008 年，新电视塔主体塔封顶；2009 年，广东省博物馆正式建成；2010 年，海心沙体育馆举办亚运会开闭幕式。

与此同时，珠江新城也进入了如火如荼的拍地、卖地的建设发展阶段。

11.2 地王频频诞生 是喜还是忧

11.2.1 珠江新城 "地王"的温床

广州的"地王"神话最主要的舞台就是珠江新城。

自从 2002 年 4 月开始出让第一块商务办公用地，因为受到政府的重点打造开发商都对其未来十分看好，珠江新城在这 10 年里共诞生了 5 块"地王"，其中除越秀地产于 2009 年 6 月拍下的 D8-C3 是住宅用地之外，其余 4 块均是商业用地。

2012 年 6 月 18 日，距离 2011 年 7 月美林取得当时珠城"商业地王"不到一年，恒大地产以 13.22 亿元的总价获得广州珠江新城地块，溢价率达 169%，楼面地价高达 3.29 万元 /m^2，成为珠城地块单价新高。

珠江新城地块最大的吸引力在于区位位置良好。在市中心、未来商务发展区、卫星城这类地段的地块后期具有明显的成长和发展空间，会吸引开发企业不惜高价拿地。此外，开发商的屯地、圈地心态导致土地市场的"高溢价"现象。

城市 Market
楼事 Story
数据 Data

广州市珠江新城历年地王情况（2005—2012 年） 表 11-1

出让时间	总价（亿元）	建筑面积（万 m^2）	楼面地价（元 /m^2）	受让方	地块现状备注
2005 年 3 月	1.41	4.21	3348	瑞丰实业	铂林国际公寓
2007 年 9 月	46.00	56.82	8059	富力、合景泰富	天銮广场
2009 年 6 月	3.45	2.25	15324	越秀	未动工
2009 年 9 月	4.65	3.43	13538	合景泰富	合景睿峰 L7
2011 年 7 月	12.8	7.14	17933	常元地产（美林）	未动工
2012 年 6 月	13.22	4.01	32967	恒大	未动工

数据来源：广州市房管局 广州中原研究部

11.2.2 三大"地王"项目现状

历年"地王"中三块项目已经建成，其中最为瞩目的当数"天銮广场"。项目是由富力地产、合景泰富地产和香港新鸿基地产三大巨头合作开发的珠江新城猎德村商业综合体旗舰型项目，包括写字楼、酒店和公寓。该项目占地 11.4 万 m^2，总建筑面积 56.82 万 m^2，项目以兴国路为界大致划分为商业和办公东西 2 个区域，包括 11 栋写字楼、3 栋商业联合体和 1 栋酒店。写字楼层高在 30~52 层左右，酒店则约 48 层。当时出让土地的楼面地价为 8059 元 /m^2，而现在发售的公寓售价达到约 50000 元 /m^2。

最早的"地王"项目"铂林国际公寓"自 2005 年 3 月广州瑞丰地产拿下后的第二年 5 月就开始面市，其由 3 栋楼宇组成，主要产品包括带豪华装修的小复式和平层公寓，户型面积约 30~60m^2 不等。作为当时珠江新城唯一的小复式项目而备受市场追捧。现阶段该项目租金依然能够达到 3000~4000 元 /m^2，售价约 25000~28000 元 /m^2，而当时地块的楼面地价仅 3348 元 /m^2。

与新“地王”相距不远的“合景睿峰 L7”曾在 2010 年 11 月成功申请将高度由 100m 调高了约 35% 至 134.9m，总建筑面积相应增加 9095m^2，相当于将容积率提高了 26%。2012 年元旦前后正式开售，属于高端商务公寓类型物业，主推复式型物业，售价约为 35000~38000 元 /m^2，现阶段正处于尾货销售当中。

11.2.3 珠江新城未来或仍有土地供应

房管局拍卖师在 2012 年新“地王”拍卖现场表示未来珠江新城将不再有新的地块出让，但根据经验与预测广州赛马场将可能是下一个珠江新城土地出让的主要来源。现阶段赛马场已经不再具备举办赛事的职能，只是发挥作为停车场、食肆、汽车卖场等的过渡作用，无疑与现今寸金尺土的珠江新城显得不相匹配。

因此可以预计，赛马场将可能在未来数年内被拆迁，并且作为珠江新城补充土地而出让，从而使这块华南地区示范性 CBD 资源合理配置最大化。

11.3 珠江新城中轴线 广州的新名片

时至今天能够代表当下广州商业办公市场发展的就是珠江新城，而最能代表珠江新城的就是新中轴线部分。中轴线部分是珠江新城乃至全广州写字楼最集中、最高端的区域，且商业、五星级酒店和公寓配套齐全。

根据统计，中轴线部分办公面积高达 292.98 万 m^2，商铺面积（包括地下商场）60.24 万 m^2，拥有酒店 48.41 万 m^2，还有 24.52 万 m^2 的公寓项目。

图 11-2 广州市珠江新城中轴线项目区位图（2012 年）

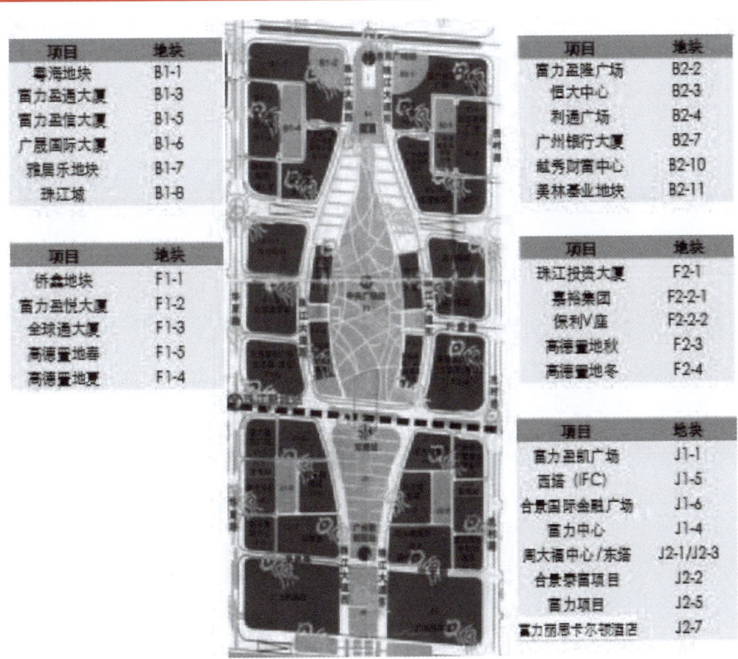

项目	地块
粤海地块	B1-1
富力盈通大厦	B1-3
富力盈信大厦	B1-5
广晟国际大厦	B1-6
雅居乐地块	B1-7
珠江城	B1-8

项目	地块
侨鑫地块	F1-1
富力盈悦大厦	F1-2
全球通大厦	F1-3
高德置地春	F1-5
高德置地夏	F1-4

项目	地块
富力盈隆广场	B2-2
恒大中心	B2-3
利通广场	B2-4
广州银行大厦	B2-7
越秀财富中心	B2-10
美林基业地块	B2-11

项目	地块
珠江投资大厦	F2-1
景裕集团	F2-2-1
保利V座	F2-2-2
高德置地秋	F2-3
高德置地冬	F2-4

项目	地块
富力盈凯广场	J1-1
西塔（IFC）	J1-5
合景国际金融广场	J1-6
富力中心	J1-4
周大福中心 / 东塔	J2-1/J2-3
合景泰富项目	J2-2
富力项目	J2-5
富力丽思卡尔顿酒店	J2-7

资料来源：广州中原研究部

广州市珠江新城中轴线办公项目供应概况　表 11-2

投入使用时间	项目名称
已使用	富力盈隆、富力盈信、富力盈悦、珠江投资大厦、全球通大厦、高德置地春夏秋、西塔、合景国际金融广场、　富力中心、利通广场、广州银行大厦
2012 年	广晟国际大厦、珠江城、恒大中心、保利 V 座、富力盈凯
2013 年	富力盈通、雅居乐地块、嘉裕地块、高德置地冬
2013 年后	粤海地块、越秀财富中心、美林基业地块、侨鑫地块、东塔、富力地块、合景泰富地块

资料来源：广州中原研究部

广州市珠江新城中轴线商铺（包括地下商场）项目供应概况　表 11-3

投入使用时间	项目名称
已使用	富力盈隆底商、富力盈信底商、富力中心底商、富力盈悦底商、珠江投资大厦底商、高德置地春夏秋商场、西塔商业部分
2012 年	广晟国际大厦底商、珠江城底商、利通广场底商、广州银行大厦底商、恒大中心底商、保利 V 座商业部分、富力盈凯底商、花城汇二三区
2013 年	富力盈通大厦、雅居乐地块商业部分、嘉裕地块商业部分、高德置冬商场
2013 年后	粤海地块商业部分、越秀财富中心底商、美林地块底商、侨鑫地块底商、东塔商业部分、富力地块底商、合景泰富地块底商

资料来源：广州中原研究部

广州市珠江新城中轴线酒店及公寓项目供应概况　表 11-4

投入使用时间	项目名称
已使用	富力君悦酒店、富力丽思卡尔顿酒店、西塔四季酒店
2012 年	西塔雅诗阁公寓
2013 年	嘉裕地块酒店部分、高德置地冬酒店部分
2013 年后	粤海地块酒店部分、侨鑫地块酒店部分、东塔酒店部分、合景泰富地块酒店部分、粤海地块公寓部分、东塔公寓部分

资料来源：广州中原研究部

11.4 珠江新城商业地产繁华背后

自从 2004 年 4 月开始出售商业用地到现在高楼林立，珠江新城的发展为城市和区域基础建设带来全新的面貌，让珠江新城成为中国乃至亚洲 CBD 地区的一个规划标杆。近几年高调拿地、整栋购入的发展模式印证着商业地产正进入高速增长的阶段，但飞速发展的光鲜背后却也隐藏着一些问题。

由于政府对住宅市场的调控间接导致商业地产在近一两年发展迅速，供应不断增多，交投市场亦日趋火爆。而现在随着土地价格不断上涨，从而拔高了项目对外售价。这种揠苗助长的方式显然对于还处于“发育期”的商业市场并不合适。且卖方市场过剩给商业项目的专业策划、商业规划、招商与运营等方面带来重大挑战。

另外，商业地产投资回报周期（从拿地到项目后期运营）长的特点也对企业资金链有着非常高的要求。这个漫长的过程将会沉淀和筛选出成功的项目、成熟的操作模式、专业的团队，商业地产的发展方向将是更加金融化、专业化和品牌化，无法沿用传统住宅的销售模式和住宅物业的管理理念。

从目前珠江新城来看，缺乏对区域性质的规划、提前透支土地价值、经营方式雷同与项目同质化等现象依然存在。珠江新城作为广州最高规格的 CBD 区域，未来发展任重而道远。

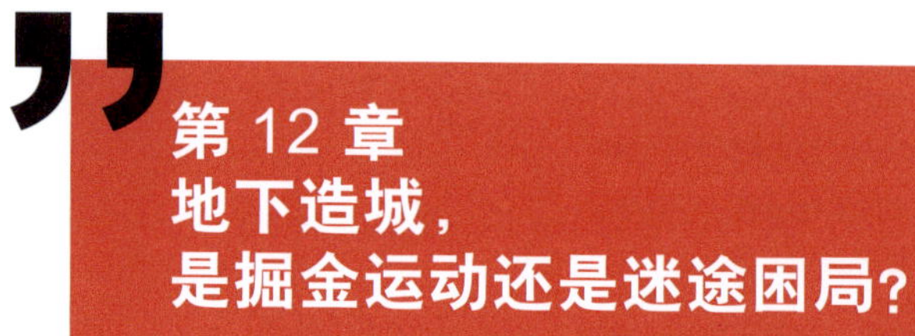

第 12 章 地下造城，是掘金运动还是迷途困局？

广州中原研究部 李晓洁

广州目前主要约有 16 个地下商场，面积总和已达到 120 万 m^2，自北往南，仅“潜伏”在中轴线下的地下商场就有 100 万 m^2。而未来白云新城、海珠广场、员村和省机械厂等规划的地下空间还有约 60 万 m^2。

无论是整体的容量还是单体的面积，广州地下商场的规模已经达到惊人的地步。这场地下的造城运动，虽有像“流行前线”一样成功掘金的例子，但有更多项目仍然处在迷途困局。

12.1 地下造城，掘的一定是金吗？

12.1.1 广州早期地下商场情况

广州的地下商业一直走在全国前列，早在 1983 年南方大厦已经有 4600m^2 的地下商城，号称“中国第一家地下商城”。随着广州地铁线路的不断完善，便捷的交通网络带来巨大的人流，广州开始了更多的地下掘金运动。1999 年 1.5 万 m^2 的“流行前线”亮相且取得了巨大的成功，随后“地王广场”、“康王商业城”等项目陆续敲响开业的锣鼓。

“流行前线”是广州经营最为成功的地下商场，由广州最具商业运作经验之一的海印集团投资运营，位处广州中山三路的烈士陵园广场下，与广州地铁一号线以及中华广场接轨。作为中国第一个流行主题商场，“流行前线”已成为广州青少年心目中的潮流基地，而租金从最初的十几元一路上涨到现在可与天河城媲美，至今一直人气十足。

相比之下，与“流行前线”仅有一路之遥的“地王广场”则人气一直不冷不热，租金相比“流行前线”低了一半。2012 年 5 月进行了新一轮的升级改造之后，“地王广场”以广州首推潮文化主题商场的全新形象再度登场，效果仍有待市场考验。以北美风情购物街形象推出市场的“江南新地”则大批租户入不敷出，已经更换一批商家。“康王商业城”因早期商铺已经散卖，经营状况更是不甚理想。

城市 Market

楼事 Story

数据 Data

广州市早期的部分地下商场情况代表

表 12-1

投入使用时间	商圈	面积	租金（元 / (m^2・月)）	定位	开业时间
流行前线	东山商圈	1.5	1000~1500	18~25 岁青少年的潮流基地	1999 年
地王广场	东山商圈	2.3	500~800	广州市最大的地下时尚、前卫、潮流购物商场	2003 年
康王商业城	中山八路	4.8	130~180	中档次服饰、餐饮、儿童游乐场	2004 年
动漫星城	公园前	3.2	西区：350~500 东区：700~1000	全国首个动漫网游体验基地	2006 年
地一大道	流花商圈	5.5	250~550	服饰批发	2006 年
江南新地	江南西	1.8	400~600	以中高档品牌商店为主，主营服饰、化妆品、皮具、饮食	2008 年

资料来源：广州中原研究部

12.1.2 中轴线下全球最大的地下商业群

在中轴线下则有被誉为“全球第一”的地下商业群。自北至南方向来看，广州东方宝泰与中信广场之间正规划打造一个总面积 16 万 m^2 的地下商场；宏城广场的地下商场已经被香港地产巨头新鸿基拿下；与宏城广场衔接的是“天河又一城”、“天河直通车”以及天河体育中心地下的“时尚天河”；再往南方向，珠江新城的中轴线已经被挖空打造为“花城汇”；新电视塔广场下也将规划两大地下商场。这些地下商场，面积加总达到了惊人的 100 万 m^2，堪称全球最大的地下商业群。在广州的商业圈中一直有这样一种说法：得天河者得天下。那么这条贯穿于中轴线的巨型地下商场的生存环境又如何呢？

“天河又一城”和“天河直通车”系由人防工程改造而成的地下商业街，南段为“天河又一城”，北段为“天河直通车”。每天由地铁站通往广百、购书中心等地的人次约有 50 万，商场人流可谓川流不息。但通道式的地下商场，人流往往为过客，消费亦为随意消费，如何将人流转化为商机，“旺丁又旺财”仍是商场与租户亟待解决的问题。

“时尚天河”在目前中轴线地下商场中面临最严峻的考验，22 万 m^2 的超大体量，一期约 800 个铺位因招商不力一再延迟开业日期，最终一期于 2011 年 12 月 24 日试营业。然而之后纠纷不断、生意冷清，导致大批租户抗议离场。

处在珠江新城中轴线的“花城汇”地理位置可谓得天独厚，但经营情况似乎没那么美妙，被戏称“店员多过顾客”。区域里最具人气的可能为首次入驻广州的“大创百货”，其他租户大多勉强维持经营。

广州市中轴线下分布的地下商场情况 表 12-2

项目	商圈	面积（万 m^2）	租金（元 / （m^2·月））	开业时间
正佳广场 M 层	体育西	3.0	250~500	2005 年
天河又一城	体育西	2.3	1000~1500	2008 年 A 区开业
东方宝泰	火车东站	15.0	200~800	2009 年
天河直通车	体育西	—	650~1000	2010 年 9 月
花城汇	珠江新城	15.0	350~500	2011 年一区开业
时尚天河	体育西	22.0	800~1200	2011 年一期开业
宏城广场	体育西	15.0	—	2013 年
中信北地下商场	火车东站	16.0	—	规划中
广州塔地下商场	琶洲	8.5	—	规划中

资料来源：广州中原研究部

12.2 地下造城，如何摆脱迷途困局？

12.2.1 适度让利 延长培育期

商业不同于住宅，需要有时间上的等待和让利培育的心态。天河城 1996 年落成，直到 1998 年用了两年的时间才扭亏为盈。而“江南新地”一出场的租金定位为 600 元 /m^2/ 月，“时尚天河”更直接跳到 800~1200 元 /m^2/ 月，这些租金已经和周边成熟的商场、街铺没有差异。一个商场真正做旺至少要有 3 年的培育期，唯有适度让利租户、延长培育期，才能实现与租户共赢。

12.2.2 差异化经营 以互补角色出现

除了“流行前线”的商品充满鲜明的潮流和张扬气息之外，目前大多地下商场都是以中小商户为招商对象，经营内容无非是白领服饰、日用精品等，容易让人产生审美疲劳。具有特色和定位的品牌才能吸引客流，若以填满铺面的心态招商，同质化的千店一面只能形成内耗，而不能形成对外的竞争力。同时，地下商场的经营内容，应该在业态上互补，不能与地面的商业有正面冲突，否则将在竞争者处于劣势。

12.2.3 共享人流 交通便利为首要

地下商场并无先天的消费环境优势，人们亦无优先到地下商场消费的习惯，若没有共享的人流，没有交通便利性的特点，地下商场很难有稳定的客源。如“流行前线”、“动漫星城”和“天河直通车”等项目能够与地铁实现无缝对接，带来了稳定的人流。而“时尚天河”东西两侧仅以体育西和体育中心两个通道接通，并不是地铁必经之路，同时很难与“天河又一城”、“天河直通车”的人流实现共享，成为其发展最大的阻力之一。

12.2.4 改善环境 减轻购物不适感

天河城建筑面积 16 万 m^2，全部商铺加起来 500 个左右，而“时尚天河”的总建筑面积为 22 万 m^2，规划档口达到了 2000 个，而且几乎全部切割为 20~40m^2 的小商铺。这样的商铺规划必然带来超长的商场流动路线，让消费者在逛街中容易疲惫，若无清晰的指引更让人如入迷宫。

地下商场的空气流通性差、采光黯淡，再加之心理的畏惧感，消费者很难有舒适的购物体验。若能以下沉式广场淡化空间的突兀切换，再辅以宽敞有序的设计，才能创造出令人感到亲切舒适的购物环境。

12.3 地下造城，未来发展挑战何在？

12.3.1 商业供应攀升 短期难以消化

广州商业自 2010 年进入集中爆发期，根据中原监测数据显示，2012 下半年入市的购物中心面积将达到前所未有的 56 万 m^2。巨大的商业体量已经令市场趋向饱和，再加上目前经济环境不容乐观，零售商业低迷，地下商场本来并无先天优势，因此在招商和经营上更为困难。

图 12-1 广州市购物中心入市面积（2008—2012 年）

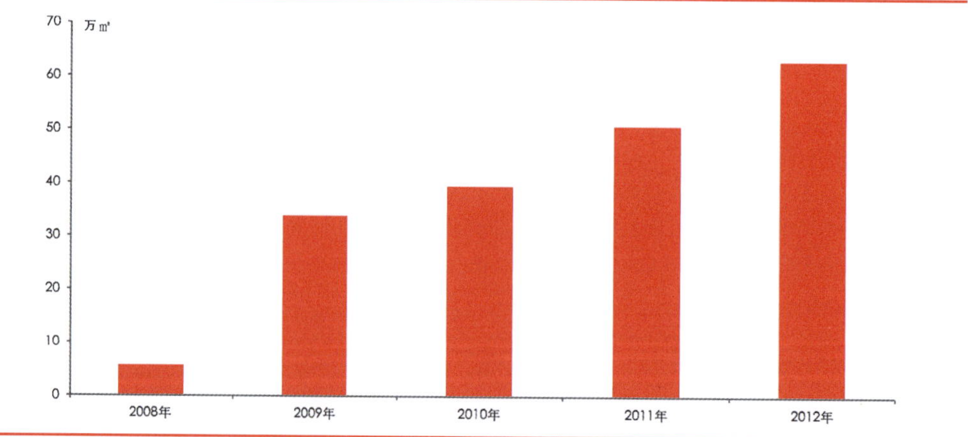

数据来源：广州中原研究部

2008 年金融海啸，无论住宅或商业地产都跌至谷底，2009 年在政府出手救市下楼市开始复苏，社会消费品零售总额增长势头强劲，拉动了市场对优质购物中心和商业裙楼的需求。2010 年起住宅限购，商业地产开始呈现爆发式的增长，无论开发商或投资客，都将方向转向商业地产，购物中心入市面积连创新高，2012 年再一次达到历史高位。

12.3.2 造价成本高企 业态运营受限

与同地段的地上商业项目相比，地下商场工程造价往往比地上项目至少高出 40%，通风、采光、除湿等完全靠发电供给，因此地下商场的经营成本远高于地上项目。运营商需要将成本转换到租户身上，租户最终也必须将租金转化到商品定价上，开发商、租户和消费者将共同承担高企的造价。

此外，地下商场的餐饮在消防、排烟方面要求尤为严格，在以吃为重的广州，如何摆脱餐饮经营难题、实现聚集人气也是一大挑战。

尽管目前广州诸多地下商场的经营状况不甚理想，但从日本、欧美的商业发展来看，地下商场依然是未来发展的方向之一，且发展潜力不可小觑。由市场实际出发，从规划、业态、定位及设计中不断探索调整，广州的地下造成运动才能成为真正的掘金运动。

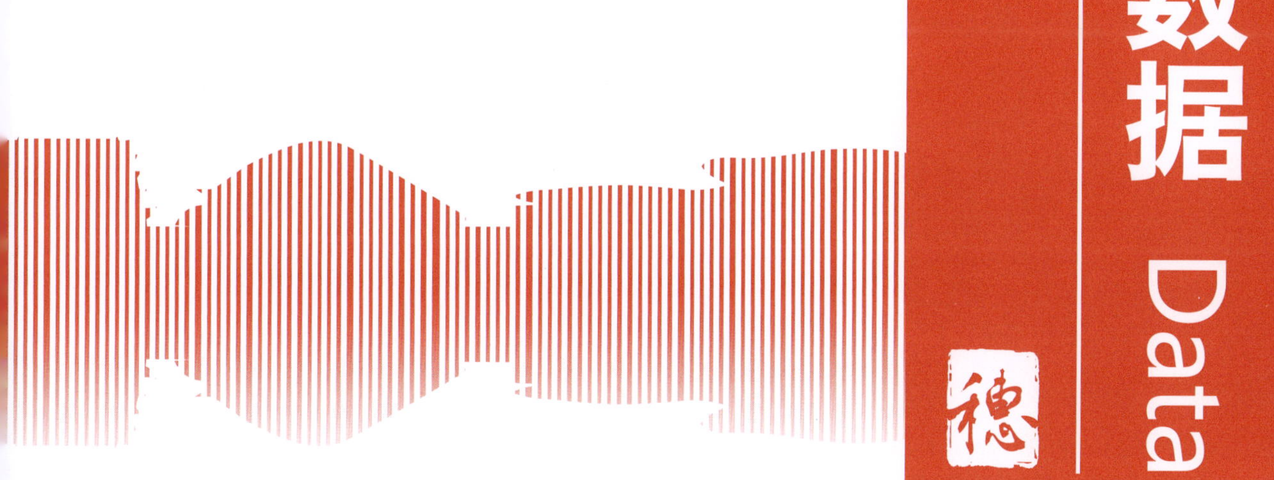

数据 Data

广州

地产数据

第13章 地产数据

13.1 房地产投资环境

广州市历年房地产市场主要指标表（2011—2012年上半年）　　表13-1

指标	2011年	2012年上半年
GDP（亿元）	12303.12	6213.75
GDP增长率（%）	11.00	8.30
固定资产投资额（亿元）	3413.58	1310.87
房地产投资额（亿元）	1306.74	520.04
住宅投资额（亿元）	780.81	326.35
写字楼投资额（亿元）	126.34	48.36
商铺投资额（亿元）	176.88	66.52
商品房施工面积（万m^2）	7704.34	6974.28
住宅施工面积（万m2）	4848.07	4411.52
写字楼施工面积（万m^2）	658.65	587.41
商铺施工面积（万m^2）	858.73	731.74
商品房新开工面积（万m^2）	2143.32	725.06
住宅新开工面积（万m^2）	1477.10	522.59
写字楼新开工面积（万m^2）	163.83	46.19
商铺新开工面积（万m^2）	141.66	51.66
商品房竣工面积（万m^2）	1263.20	380.34
住宅竣工面积（万m^2）	831.68	251.17
写字楼竣工面积（万m^2）	122.21	5.78
商铺竣工面积（万m^2）	110.86	49.70
商品房销售额（亿元）	1583.19	616.69
住宅销售额（亿元）	1169.38	448.77
写字楼销售额（亿元）	221.14	101.58
商铺销售额（亿元）	138.85	59.55
商品房销售面积（万m^2）	1251.48	480.45
住宅销售面积（万m^2）	1027.31	401.67
写字楼销售面积（万m^2）	115.76	44.22
商铺销售面积（万m^2）	67.46	29.58

数据来源：广州市统计局

广州市主要房地产政策一览表（2011—2012 年上半年） 表 13-2

政策名称	颁布日期	实施日期	发布单位	对房地产市场的影响
《关于贯彻国务院办公厅关于进一步做好房地产市场调控工作有关问 题的通知的实施意见》	2011-02-23	2011-02-23	广州市政府	相关限购细则的明确有助于市场明晰执行，有助于市场稳定
《商品房销售明码标价规定》	2011-03-16	2011-05-01	国家发改委	“一房一价”有助于房地产市场的相关信息更加透明，增强买卖双方的信息对称，实现公平交易
《关于贯彻落实房地产调控政策进一步做好增城市房地产市场调控工作的意见》	2011-03-31	2011-03-31	增城市国土局	行政性的限价措施会使得部分项目不得不以低于预期的价格水平发售，有益于当地实现房价调控的目标。不过，部分高档项目在此环境下将会延迟发售，使得市场供求关系会受到一定的影响
《广州市规划管理建筑面积计算办法》	2011-04-20	2011-06-01	广州市规划局	受其影响，之后广州市场上小复式 / 假复式 /N+1 户型等类型产品将会越来越少，产品“偷面积”的难度将越来越大
《从化市政府关于进一步做好房地产市场调控工作有关问题的实施意见》	2011-05-10	2011-05-10	从化市国土局	行政性的限价措施会使得部分项目不得不以低于预期的价格水平发售，有益于当地实现房价调控的目标。不过，部分高档项目在此环境下将会延迟发售，使得市场供求关系会受到一定的影响
严格执行商业地产“限外令”	2012-03-07	2012-03-07	广州市房管局	外籍人士买铺资格受限制，尽管广州外籍人士占比不大，但也压缩了商业物业投机炒作的空间
重申公积金首付可两成	2012-05-05	2012-05-05	广州公积金中心	公积金首付及申请门槛的降低，促使买家购买意愿提升，对于当下首次置业者为主流的楼市，较明显地促进市场成交量回升

资料来源：广州中原监测整理

13.2 土地市场

广州市历年土地出让主要指标表（2011 一 2012 年上半年） 表 13-3

	土地公告情况			土地成交情况			
	宗数	占地面积（万 m^2）	建筑面积（万 m^2）	宗数	占地面积（万 m^2）	建筑面积（万 m^2）	土地出让金额（亿元）
2011 年	181	652.77	1447.27	136	570.15	1087.09	296.02
2012 年上半年	42	257.69	442.63	37	250.15	459.85	65.31

数据来源：中原集团研究中心

图 13-1 广州市可建面积前 10 名的房企入驻分布图（2011—2012 年上半年）

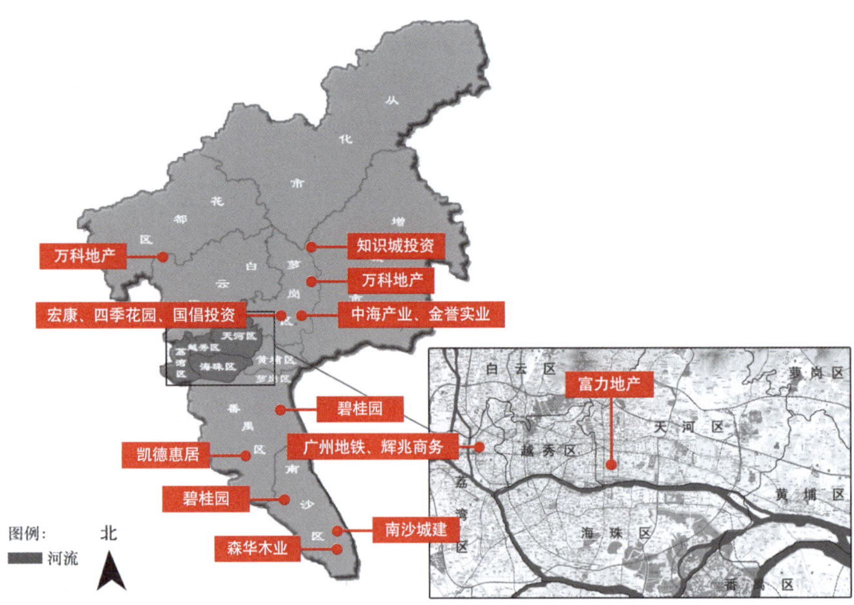

指标	2011 年	2012 年上半年	用地性质	地块面积（万 m^2）	可建面积（万 m^2）	总价（亿元）	楼面地价（元 /m^2）	日期
1	中海地产、金誉实业	萝岗区	居住	19.98	39.66	16.78	4231	2011-08
			居住	19.02	39.45	16.70	4234	2011-09
2	碧桂园	南沙区	居住	18.90	34.03	9.10	2674	2011-08
		南沙区	居住	9.44	16.99	4.60	2707	2011-08
		番禺区	居住	10.78	16.80	4.37	2603	2011-03
3	知识城投资	萝岗区	居住	17.81	48.09	2.08	433	2011-04
		萝岗区	商服	7.96	15.91	0.43	383	2011-04
4	广州地铁、辉兆商务	荔湾区	居住	27.27	58.99	30.71	5205	2011-11
5	南沙城建	南沙区	居住	6.41	13.31	2.18	1701	2011-03
		南沙区	居住	6.17	11.11	0.84	760	2012-06
		南沙区	居住	4.42	11.06	2.30	2079	2012-06
		南沙区	居住	2.29	4.12	0.28	1648	2011-03
		南沙区						
6	万科地产	萝岗区	居住	10.97	27.44	12.32	4491	2011-09
		白云区	居住	2.41	9.38	12.70	13536	2011-09
7	宏康、四季花园、国倡投资	萝岗区	居住	12.50	29.74	2.43	816	2012-02
8	富力地产	越秀区	居住	6.28	27.38	4.73	1726	2011-01
9	凯德惠居	番禺区	居住	13.11	23.61	3.99	1691	2012-06
10	森华木业	南沙区	居住	8.32	23.30	4.55	1953	2011-08

资料来源：广州中原监测整理

图 13-2 广州市 10 大热点地块（2011—2012 年上半年）

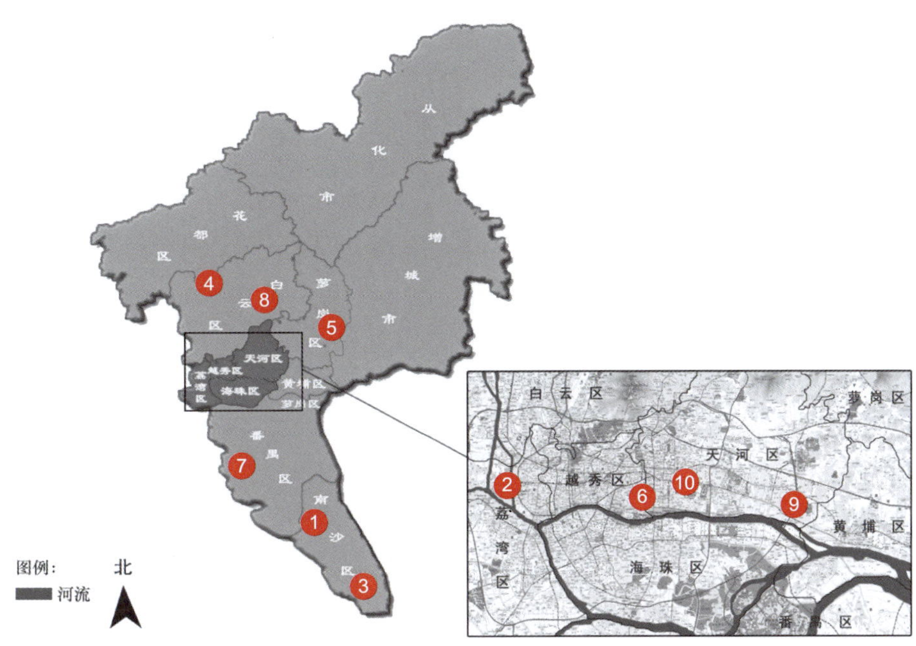

序号	地块名称	关注点	关注信息	开发商
1	南沙街进港大道北 2011NJY-5	2011 年占地面积最大的居住用地	占地面积：18.90 万 m^2	广州南沙经济技术开发区碧桂园物业发展有限公司
2	荔湾区大坦沙铁路以北地块	2011 年总价最高的居住用地	成交总价：30.71 亿元	广州市地下铁道总公司、广州辉兆商务有限公司
3	南沙区西部工业区 1 号 2011NJY-6	2011 年溢价率最高的居住用地	溢价率：62.75%	广州中盈置业有限公司
4	白云区白云大道 AB2911022 地块	2011 年楼面地价最高的居住用地	楼面地价：13536 元 / m^2	广州市万科房地产有限公司
5	开发区科学城 KXCD-F2-1-1	2011 年占地面积最大的商服用地	占地面积：8.00m2	广东飞晟投资有限公司
6	天河区珠江新城 B2-11	2011 年楼面地价最高的商服用地	成交总价：17933 元 / m^2	广州常元房地产开发实业有限公司
7	番禺区榄核镇榄核地块	2012 年上半年占地面积最大的居住用地	占地面积：13.11 万 m^2	CVH(CHINA)INVESTMENT TWO PTE. LTD.（凯德惠居）
8	白云区同和东坑蟾蜍石北路	2012 年上半年总价最高的居住用地	成交总价：6.13 亿元	广州天朗商贸有限公司
9	天河区黄埔大道（坚红化工厂地块）	2012 年上半年楼面地价最高的居住用地	楼面地价：11552 元 / m^2，配 130 套公租房	李燕如
10	天河区珠江新城 D4-B2	2012 年上半年楼面地价最高的商服用地	楼面地价：32968 元 / m^2	恒大地产集团有限公司

资料来源：广州中原监测整理

图 13-3 广州市居住用地量价分布图（2011 年）

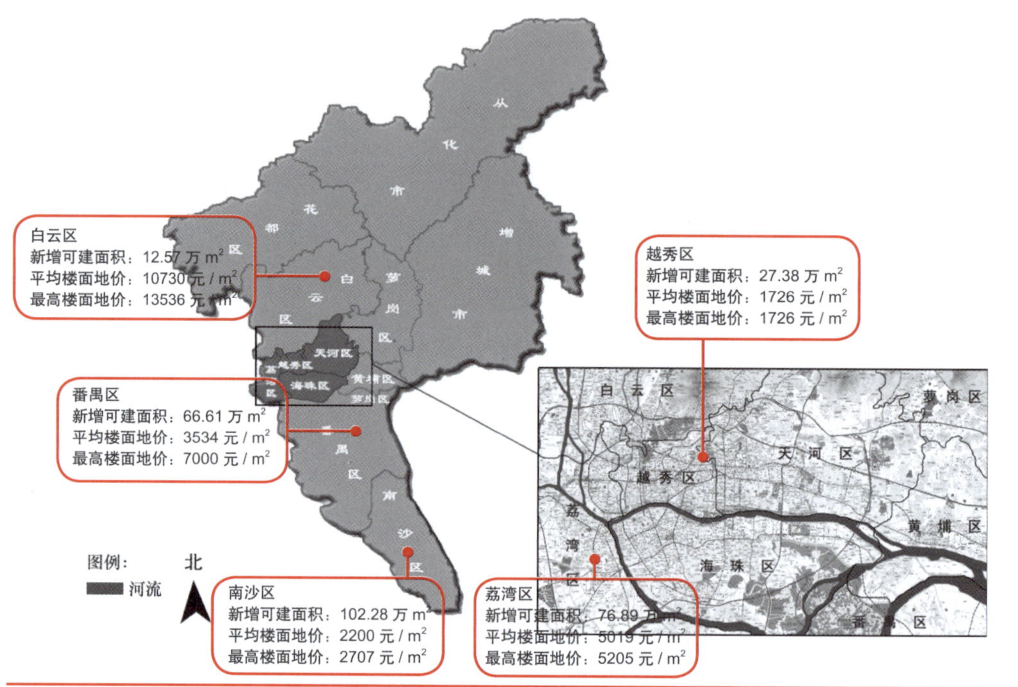

数据来源：广州中原监测整理

图 13-4 广州市居住用地量价分布图（2012 年上半年）

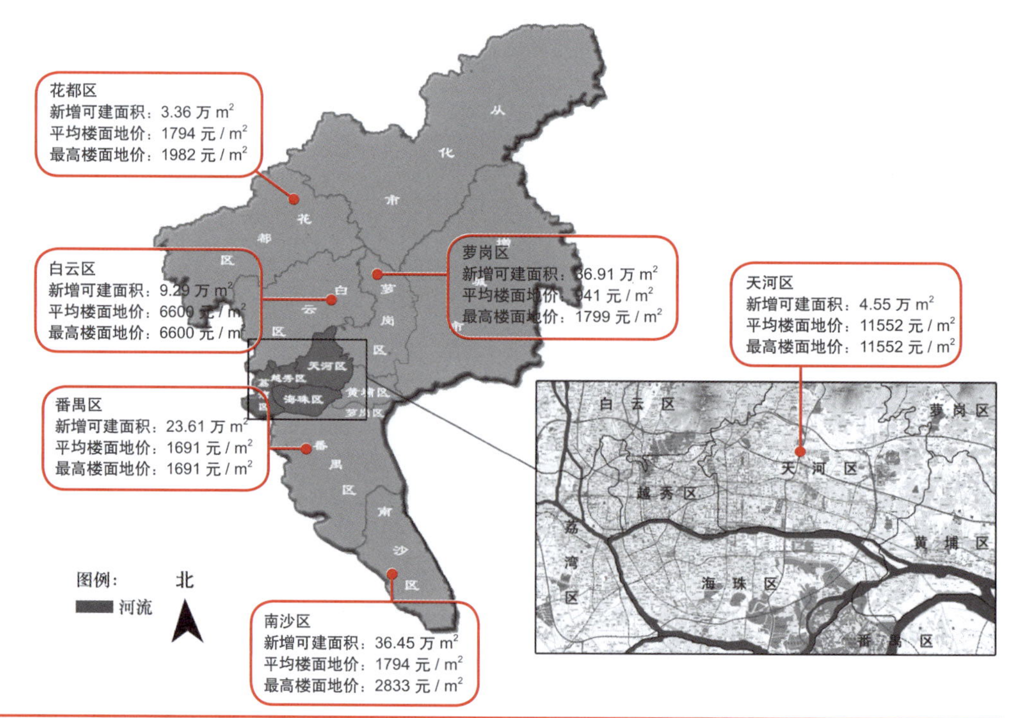

数据来源：广州中原监测整理

13.3 住宅市场

广州市历年商品住宅市场主要指标表（2011—2012 年上半年）

表 13-4

时间	商品住宅市场			二手住宅市场	
	批准预售面积（万 m^2）	预售登记面积（万 m^2）	销售额（亿元）	销售面积（万 m^2）	销售金额（亿元）
2011 年	687.53	681.81	867.57	601.47	429.70
2012 年上半年	308.17	258.91	328.63	172.25	148.83

数据来源：广州市房管局交易登记数，广州中原监测整理，住宅包含别墅

广州市商品住宅供需情况表（2011 年）

表 13-5

区域		新增面积（万m^2）	销售情况		
			销售面积（万m^2）	成交金额（亿元）	成交均价（元/m^2）
中心区	越秀	17.13	13.43	28.34	21102
	荔湾	25.59	32.23	63.43	19680
	海珠	38.75	44.10	86.03	19508
	天河	24.93	44.88	111.35	24811
	白云	87.40	81.72	127.49	15601
	黄埔	0.00	6.44	5.88	9130
次中心区	番禺	133.89	180.87	238.90	13208
	花都	254.20	173.90	119.75	6886
	南沙	90.49	82.58	65.37	7916
	萝岗	15.14	21.66	21.03	9709

数据来源：广州市房管局交易登记数，广州中原监测整理，住宅包含别墅

广州市商品住宅供需情况表（2012 年上半年）

表 13-6

区域		新增面积（万m^2）	销售情况			
			销售套数（套）	销售面积（万m^2）	成交金额（亿元）	成交均价（元/m^2）
中心区	越秀	4.45	654	7.44	14.93	20067
	荔湾	18.57	1552	16.63	29.59	17793
	海珠	31.56	2044	20.52	39.58	19288
	天河	31.42	969	11.87	28.89	24339
	白云	20.67	2985	29.53	41.58	14081
	黄埔	2.78	320	2.26	2.82	12478
次中心区	番禺	82.76	5018	56.76	79.06	13929
	花都	74.33	6438	67.51	51.26	7593
	南沙	29.81	3085	34.29	26.38	7693
	萝岗	11.83	1105	12.10	14.54	12017

数据来源：广州市房管局交易登记数，广州中原监测整理，住宅包含别墅

图 13-5 广州市（含增城、从化）新建公寓售价前 10 名楼盘分布图（2011—2012 年上半年）

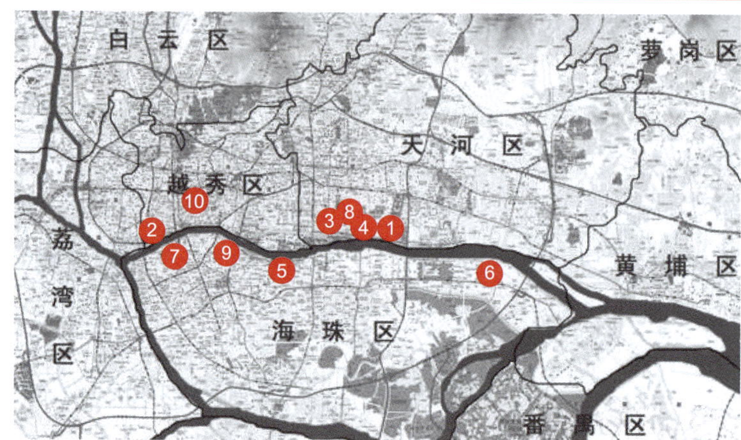

排名	楼盘名称	建筑面积（万 m^2）	2011—2012 年上半年均价（元 /m^2）	最近一次开盘均价（元 /m^2）
1	凯旋新世界	29.00	56100	75200
2	爱群荟景湾	9.00	51400	65300
3	星汇云锦	18.60	46700	45500
4	珠江璟园	13.00	46300	46300
5	信达阳光海岸	4.98	40400	65400
6	保利天悦	185.00	36600	43600
7	君华江畔豪园	4.62	36400	45200
8	博雅首府	17.83	34400	52400
9	华标涛景湾	15.00	33800	38500
10	东方文德广场	12.30	32200	35300

资料来源：广州中原监测整理

图 13-6 广州市（含增城、从化）新建别墅售价前 5 名楼盘分布图（2011—2012 年上半年）

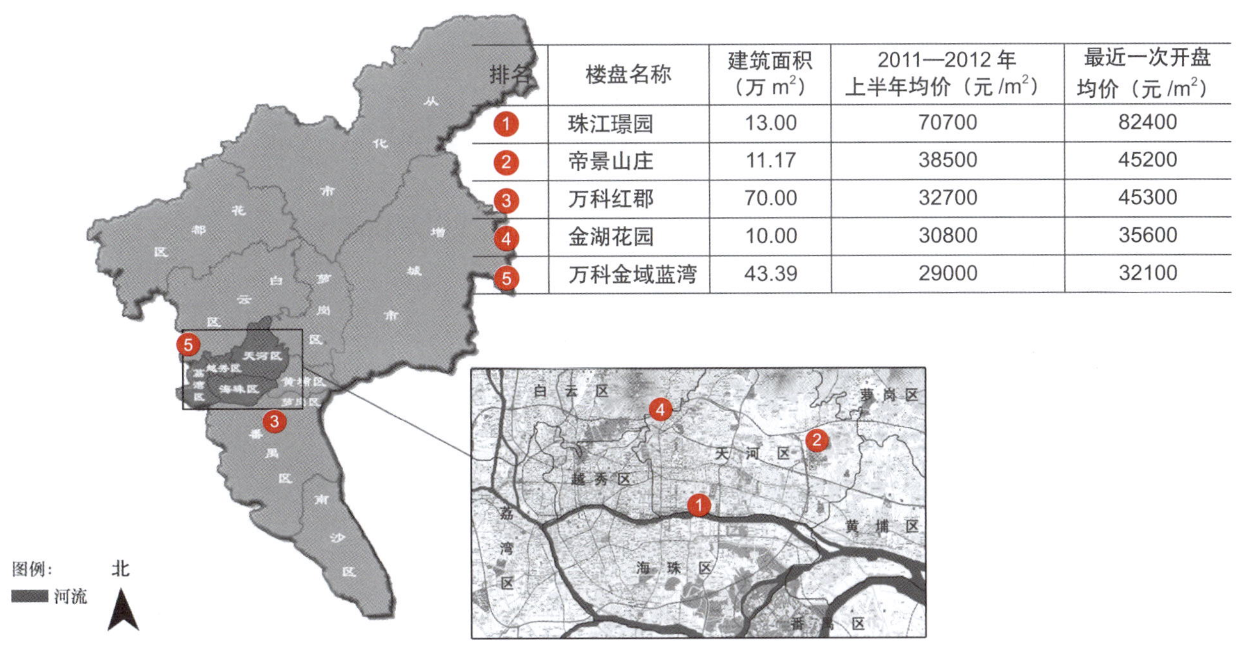

排名	楼盘名称	建筑面积（万 m^2）	2011—2012 年上半年均价（元 /m^2）	最近一次开盘均价（元 /m^2）
1	珠江璟园	13.00	70700	82400
2	帝景山庄	11.17	38500	45200
3	万科红郡	70.00	32700	45300
4	金湖花园	10.00	30800	35600
5	万科金域蓝湾	43.39	29000	32100

资料来源：广州中原监测整理

图 13-7 广州市（含增城、从化）新建住宅销售面积前 10 名楼盘分布图（2011 年）

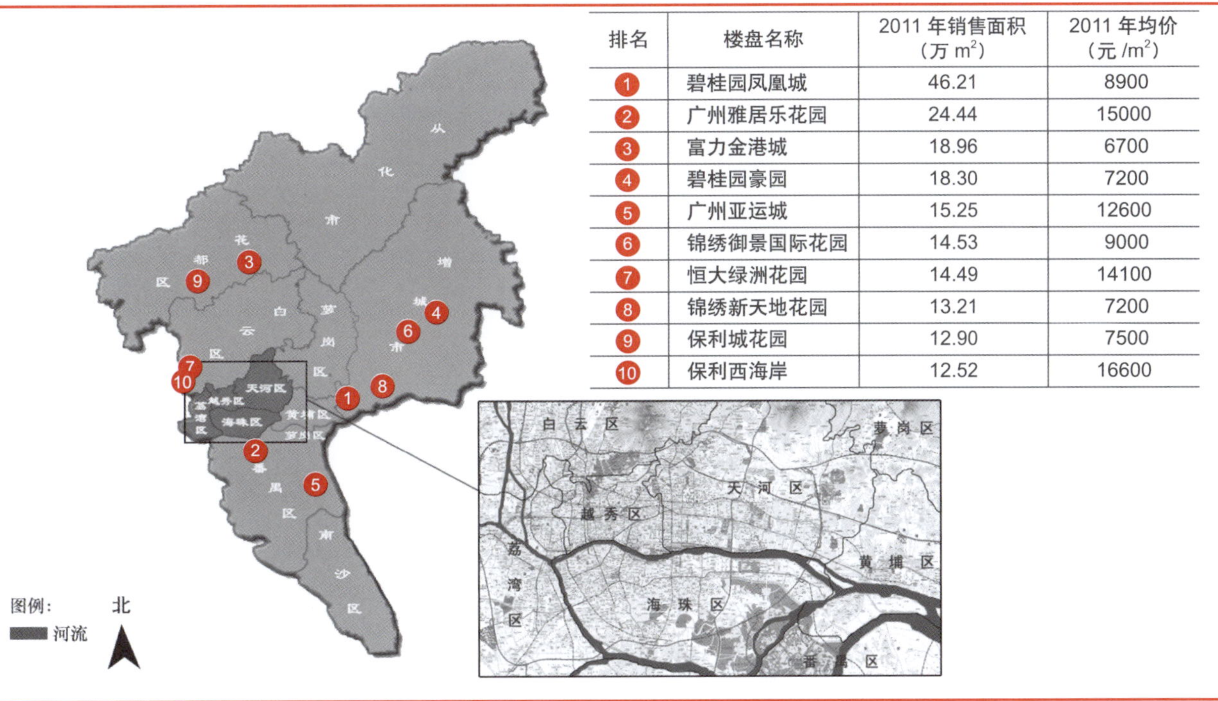

排名	楼盘名称	2011 年销售面积（万 m^2）	2011 年均价（元 /m^2）
1	碧桂园凤凰城	46.21	8900
2	广州雅居乐花园	24.44	15000
3	富力金港城	18.96	6700
4	碧桂园豪园	18.30	7200
5	广州亚运城	15.25	12600
6	锦绣御景国际花园	14.53	9000
7	恒大绿洲花园	14.49	14100
8	锦绣新天地花园	13.21	7200
9	保利城花园	12.90	7500
10	保利西海岸	12.52	16600

资料来源：广州中原监测整理

图 13-8 广州市（含增城、从化）新建住宅销售面积前 10 名楼盘分布图（2012 年上半年）

排名	楼盘名称	2012 年上半年销售面积（万 m^2）	2012 年上半年均价（元 /m^2）
1	碧桂园凤凰城	18.56	7600
2	翡翠绿洲	11.38	7200
3	南沙滨海花园	11.00	7100
4	雅居乐剑桥郡	8.82	14300
5	保利西海岸	8.21	16600
6	保利东江首府	8.19	8000
7	万科府前花园	7.98	7700
8	富力金港城	7.42	6700
9	锦绣半山御景	7.23	4900
10	锦绣半岛银湾	7.13	12000

资料来源：广州中原监测整理

图 13-9 广州市新建住宅 10 大热点楼盘分布图（2011—2012 年上半年）

排名	楼盘名称	关注点	2012 年上半年 销售均价（元 / m^2）	建筑面积 （万 m^2）
1	碧桂园凤凰城	持续热销大盘	9200	1332.00
2	岭南新世界	产品类型丰富	17200	180.00
3	招商金山谷	大项目小户型面市	14700	94.60
4	珊瑚天峰	豪宅急转跳水	12800	50.00
5	淘金	核心区学位房七折出售	27000	29.90
6	保利天悦	琶洲旧改地块变身豪宅	36800	185.00
7	保利城花园	花都热卖大盘	8800	53.00
8	纵横国际公寓	降价第一盘	16000	13.00
9	保利公园九里	市区生态大盘	15500	27.82
10	南沙滨海花园	大降价出售	8600	5.80

资料来源：广州中原监测整理

图 13-10 广州市二手住宅价格涨幅前 10 名楼盘分布图（2011—2012 年上半年）

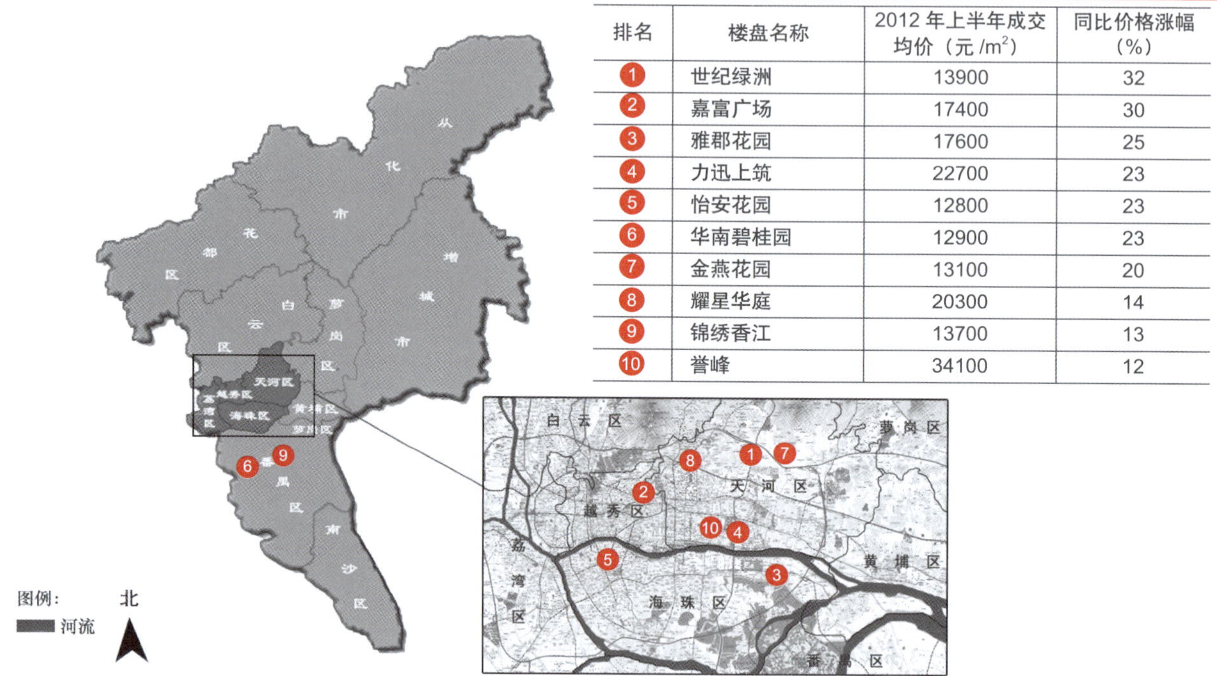

排名	楼盘名称	2012 年上半年成交均价（元 /m²）	同比价格涨幅（%）
1	世纪绿洲	13900	32
2	嘉富广场	17400	30
3	雅郡花园	17600	25
4	力迅上筑	22700	23
5	怡安花园	12800	23
6	华南碧桂园	12900	23
7	金燕花园	13100	20
8	耀星华庭	20300	14
9	锦绣香江	13700	13
10	誉峰	34100	12

资料来源：广州中原监测整理

图 13-11 广州市二手住宅租金涨幅前 10 名楼盘分布图（2011—2012 年上半年）

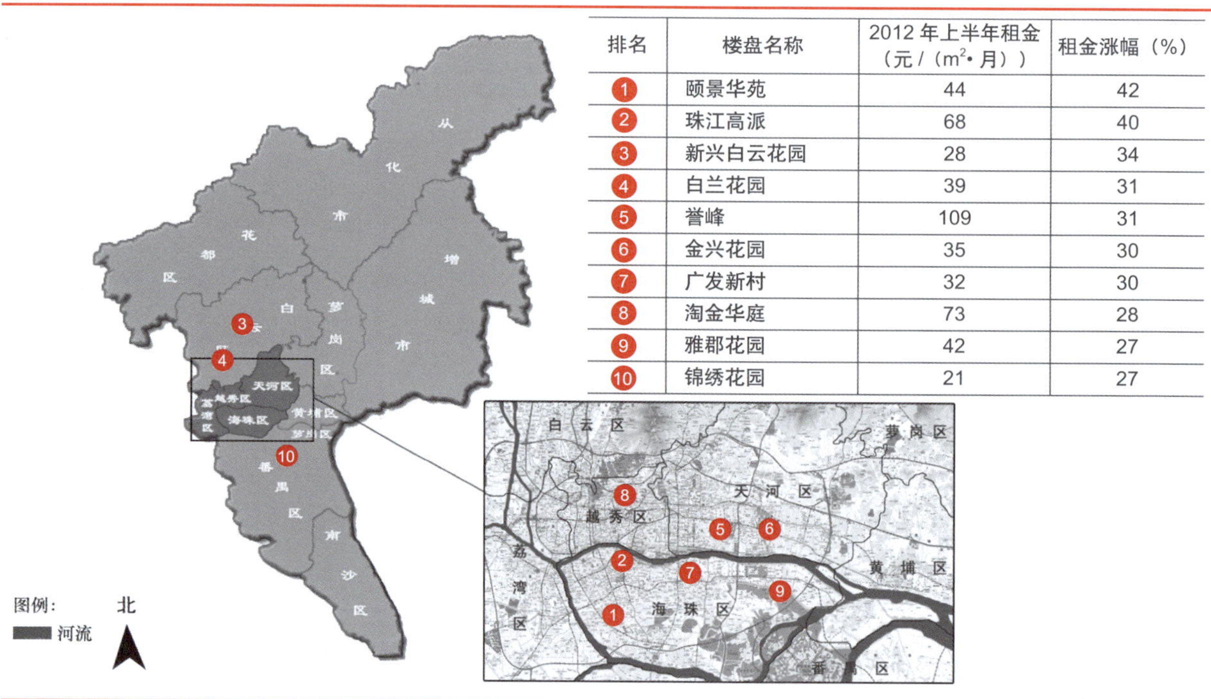

排名	楼盘名称	2012 年上半年租金（元 /（m²• 月））	租金涨幅（%）
1	颐景华苑	44	42
2	珠江高派	68	40
3	新兴白云花园	28	34
4	白兰花园	39	31
5	誉峰	109	31
6	金兴花园	35	30
7	广发新村	32	30
8	淘金华庭	73	28
9	雅郡花园	42	27
10	锦绣花园	21	27

资料来源：广州中原监测整理

图 13-12 广州市二手住宅租金回报率前 10 名楼盘分布图（2011—2012 年上半年）

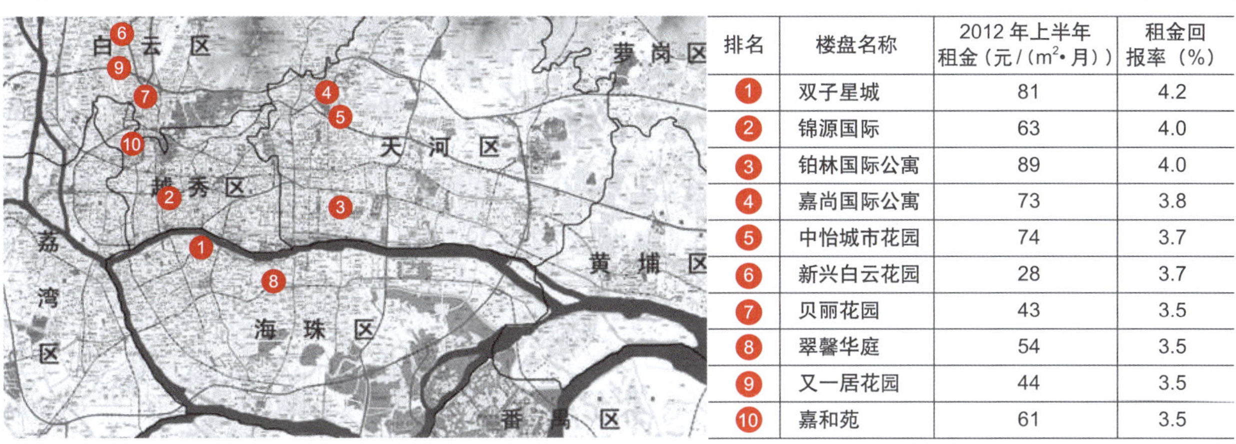

排名	楼盘名称	2012 年上半年租金（元 / （m²• 月））	租金回报率（%）
1	双子星城	81	4.2
2	锦源国际	63	4.0
3	铂林国际公寓	89	4.0
4	嘉尚国际公寓	73	3.8
5	中怡城市花园	74	3.7
6	新兴白云花园	28	3.7
7	贝丽花园	43	3.5
8	翠馨华庭	54	3.5
9	又一居花园	44	3.5
10	嘉和苑	61	3.5

资料来源：广州中原监测整理

13.4 写字楼商业市场

图 13-13 广州市租金前 10 名的租赁型写字楼分布图（2011—2012 年上半年）

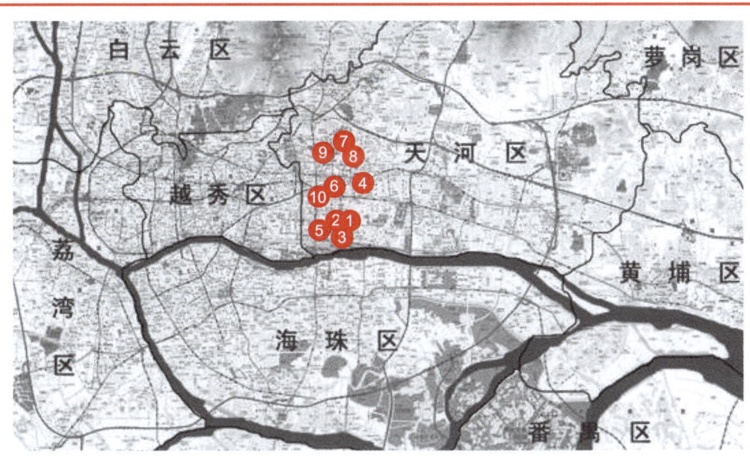

排名	写字楼名称	租金（元 / （m²• 月））	建筑面积（万 m²）	入驻率（%）
1	广州国际金融中心	255	33.50	80
2	富力中心	240	16.25	80
3	合景国际金融广场	225	10.23	95
4	太古汇	200	35.80	70
5	保利中心	190	19.00	70
6	天河城大厦	185	10.30	95
7	天誉大厦	180	10.30	90
8	中信广场	175	29.00	96
9	耀中广场	170	13.46	98
10	富力盈信大厦	165	12.10	75

资料来源：广州中原监测整理

图 13-14 广州市销售价前 10 名的销售型写字楼分布图（2011—2012 年上半年）

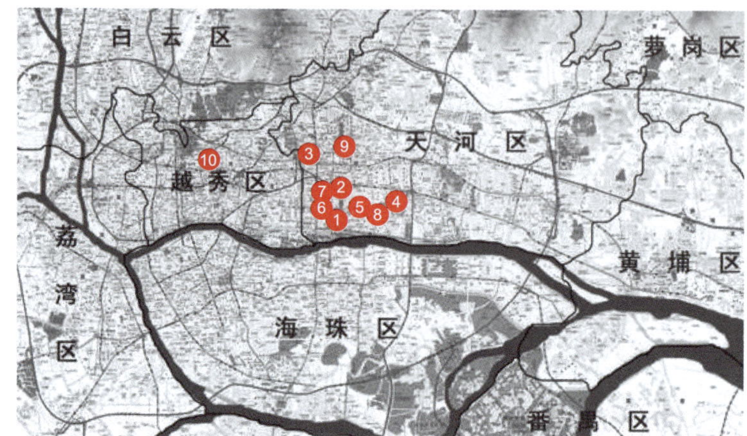

排名	写字楼名称	售价（元 / m^2）	建筑面积（万 m^2）	租金回报率（%）
1	富力盈凯广场	37000	18.00	未投入使用
2	广晟国际大厦	35800	12.49	未投入使用
3	圣丰广场	33800	15.57	5.15
4	富力盈盛广场	31500	10.71	未投入使用
5	保利威座大厦	30600	20.64	未投入使用
6	富力盈信大厦	30300	12.10	6.53
7	保利克洛维广场	29100	26.00	未投入使用
8	财富世纪广场	27900	10.68	未投入使用
9	保利中汇广场	26300	9.19	未投入使用
10	正佳东方国际广场	26100	12.19	未投入使用

资料来源：广州中原监测整理

图 13-15 广州市销售面积前 10 名的销售型写字楼分布图（2011—2012 年上半年）

排名	写字楼名称	2011—2012 上半年的销售面积（万 m^2）	最近一次开盘售价（元 / m^2）	建筑面积（万 m^2）	租金回报率（%）
1	财富世纪广场	6.85	27900	10.68	未投入使用
2	保利威座大厦	5.37	30600	20.64	未投入使用
3	保利世界贸易中心	5.27	25800	50.00	4.19
4	富力盈凯广场	5.24	37500	18.00	未投入使用
5	保利克洛维广场	4.69	29100	26.00	未投入使用
6	广晟国际大厦	4.24	35800	12.49	未投入使用
7	富力盈盛广场	3.75	31500	10.71	未投入使用
8	保利中汇广场	3.74	26300	9.19	未投入使用
9	圣丰广场	2.31	33800	15.57	5.15
10	达镖国际中心	1.38	21000	11.54	6.00

资料来源：广州中原监测整理

广州市写字楼售价及租金季度走势（2011—2012年2上半年）

表13-7

时间	2011年第1季度	2011年第2季度	2011年第3季度	2011年第4季度	2012年第1季度	2012年第2季度
售价（元/m^2）						
全市	19900	20200	23800	26400	21300	24800
租金（元/（m^2•月））						
全市	127	128	129	131	134	138
天河北	132	133	136	139	137	142
珠江新城	152	154	155	155	162	167
环市路—东风中	113	117	99	100	102	103
甲级写字楼入驻率（%）						
全市	89	88	85	84	84	83
天河北	94	94	92	93	94	93
珠江新城	79	78	70	68	67	66
环市路—东风中	94	94	93	92	93	93

数据来源：广州中原监测整理

广州市甲级写字楼市场未来供应项目（2012—2013年）

表13-8

项目名称	区域/商圈	开发商	预计竣工时间	占地面积（万m^2）	建筑面积（万m^2）	项目点评
越秀壬丰商务大厦	东风路	天城房产开发有限公司	2012年年底	0.74	7.69	位于东风路传统商务区，所处道路交汇点位置佳，属于区域内档次最高写字楼
高德置地广场（第4期）	珠江新城	高德置地控股有限公司	2013年第二季度或第三季度	3.00	15.00	珠江新城最大的商业组团最后一期，包含酒店、甲级写字楼、商场等
亚太世纪广场	天河北	越秀地产	2013年底	2.00	22.40	天河北，高端综合体项目
广发证券大厦	珠江新城	广发证卷股份有限公司	2013年底	1.10	15.80	超过300米高，超甲级写字楼，投资9.2亿元
珠江新城B2-10商业、金融地块	珠江新城	越秀地产	2013年底	1.10	21.00	中轴线上，超过300米高，预计地上68层

数据来源：广州中原监测整理

城市 Market

楼事 Story

数据 Data

图 13-16 广州市 10 大新增供应面积租赁型商业项目分布图（2011—2012 年上半年）

排名	项目名称	区域 / 商圈	类型	新增供应面积（万 m^2）	占地面积（万 m^2）	建筑面积（万 m^2）	租金（元 /m^2• 月）	入驻率（%）
1	太古汇	天河路	购物中心	13.80	4.00	13.80	1200	95
2	广百新一城花都购物广场	花都	百货商店	4.00	—	4.00	260	100
3	金鸿基广场	白云新城	步行街	6.50	9.00	6.50	400	90
4	美东百货	农林下路	购物中心	4.00	0.84	4.00	380	70
5	保利中环广场 - 南区	环市东	购物中心	2.28	2.05	2.28	250	70
6	哈街	番禺市桥	步行街	5.00	3.80	5.00	180	85
7	花城汇一区	珠江新城	地下商场	8.00	—	8.00	350	80
8	时尚天河商业广场	天河路	地下商场	8.00	—	22.00	900	65
9	5 号停机坪购物广场	白云新城	购物中心	13.00	7.35	13.00	250	85
10	海印又一城奥特莱斯广场	万博中心	奥特莱斯	7.00	10.00	25.00	150	95

资料来源：广州中原监测整理

图 13-17 广州市 10 大新增供应面积销售型商业项目分布图（2011—2012 年上半年）

排名	项目名称	区域 / 商圈	类型	新增供应面积（万 m^2）	占地面积（万 m^2）	建筑面积（万 m^2）
1	广州东部布匹辅料城	增城	专业市场	9.62	19.00	52.00
2	珠江国际纺织城	中大	专业市场	7.81	0.58	11.35
3	光大都会豪庭	工业大道	购物中心	7.25	2.19	7.25
4	东汇城	增城	购物中心	5.17	11.31	20.95
5	欣荣宏国际商贸城	从化	购物中心	4.11	8.67	20.00
6	富力盈凯广场	珠江新城	底商商铺	3.91	0.79	10.47
7	南沙海　奥园	南沙	社区商铺	3.86	6.00	25.00
8	华汇商业广场	南沙	购物中心	3.53	2.70	6.70
9	东方文德广场	东山	底商商铺	3.33	1.38	16.92
10	绿地金融中心	白云新城	购物中心	3.13	4.00	27.00

资料来源：广州中原监测整理

广州市商铺售价季度走势（2011—2012 年上半年）

表 13-9

时间	2011 年第 1 季度	2011 年第 2 季度	2011 年第 3 季度	2011 年第 4 季度	2012 年第 1 季度	2012 年第 2 季度
售价（元 / m^2）						
全市	20552	16346	31033	30125	28552	27260
租金（元 / （m^2• 月））						
全市	830	825	880	920	930	940
越秀商圈	875	880	920	960	975	980
天河商圈	1045	1080	1160	1250	1230	1240
荔湾商圈	545	535	580	595	580	585

数据来源：广州中原监测整理

广州市大型集中商业未来供应项目（2012—2013 年）

表 13-10

项目名称	区域 / 商圈	开发商	预计竣工时间	占地面积（万 m^2）	建筑面积（万 m^2）	项目点评
西城都荟	上下九	和记黄埔	2012-10	7.10	8.80	位于中国荔湾区黄沙大道地铁上，首创「国际级悠乐生活」概念，但近 10 年仍未开业
太阳新天地购物中心	珠江新城	百嘉信	2012-07	4.40	15.00	是珠江新城最大的单体购物中心，定位时尚、高端，是集购物、餐饮、娱乐等功能于一体的一站式购物中心
花城汇二区	珠江新城	新中轴建设有限公司	2012-10	—	4.00	广州新中轴建设有限公司投资开发，高德置地取得管理经营权，将主打大众化的时尚服饰
花城汇三区	珠江新城	新中轴建设有限公司	2012-10	—	2.30	广州新中轴建设有限公司投资开发，海印高德置地取得管理经营权，走国际高档服饰精品路线
高德置地广场秋	珠江新城	高德置地	2012-12	1.04	7.80	位于珠江新城中轴线上，是继春、夏之后的第三座商场，定位国际高档服饰精品
白云海航 YH 城	白云嘉禾	海航地产	2012-10	7.00	10.00	位于白云区嘉禾核心商圈，项目以年轻消费群体为核心，定位华南首个全天候年轻潮城
中海光大购物中心	工业大道	保德信房地产	2012-12	10.00	7.63	美国保德信房地产基金以 20 亿价格成功，将是该区域的首个商业综合体
圣鑫商业广场	番禺市桥	广州圣鑫投资	2012-10	—	20.00	位于番禺大道与市莲路交界口，由百货店、超市、品牌专卖店、特色精品店、餐饮店、电影院及其他娱乐设施组成的 Shopping Mall

数据来源：广州中原监测整理

公司 Company

广州

广东中原地产代理有限公司

广东中原地产代理有限公司

一、公司简介

广东中原地产代理有限公司（简称广州中原）为香港中原集团成员，成立于 1994 年，是行业内唯一连续 9 年获广州市工商行政管理局颁发“守合同重信用企业”称号的公司，更以行业首创的“一二手联动销售”模式，成功代理不少知名楼盘，取得瞩目的成绩。2011 年以来，在全国楼市平淡的背景下，广州中原逆市而为，锐意创新，保持了业务发展和业绩的增长；2011 年，广州中原创下全年 4.5 亿元人民币的骄人业绩；2012 上半年佣金收入达 2.3 亿元人民币。无论是在一手代理市场，还是二手中介市场，广州中原的行业翘楚地位都得到了进一步巩固。

广州中原的业务包括新房、二手房的买卖及租赁代理、咨询等服务，具体包括：一手项目可行性研究分析、推广、营销策划、二手房地产买卖 / 租赁、物业评估 / 放盘、物业按揭 / 抵押等。

广州中原一贯倡导“公开资讯、公平交易、不炒楼、不食价”的服务宗旨；并逐步开拓新的服务方式。如，中原地产资讯网（www.centanet.com）为客户提供庞大的一二手盘源数据，让购房者足不出户也能轻松选房；“中原成交分析”剖析真实个案，为客户提供极具参考价值之信息；“CPN 中原楼盘影片库”，则以行业首创视频方式展示房源及楼市资讯。

广州中原始终以“社会良心“为标尺，不断提升自我规范，树立行业新标。如，首推签订三方约，减少利益纠纷；始创《服务宣言》，揭示行业内幕；率先公示持证上岗人员，引导行业健康发展。目前，广州中原已成为广州最具影响力的地产代理公司，其分行数量约 250 间，遍布全市各区重要的地产成交活跃地段、聘用员工近 4000 人，公司规模在业内首屈一指。在未来，我们将锐意发展，致力拓展纵深领域，为市民提供更全面更周到的服务，为广州房地产业的繁荣做出卓越的贡献。

二、代理项目代表案例（2011—2012 年 ）

2010—2012 年，在楼市波动的情况下，中原凭借专业的策划团队，受到同行及发展商的青睐与认同，被誉为“豪宅专家”、“商铺专家”、“大盘专家”等称号。其代理的在售楼盘数量翻倍增长，成交面积及成交金额亦逐年增长。我们精选了广州中原曾代理的 5 个知名项目，剖析其成功销售之道。

■ 御华园

“御华园“为香港新鸿基地产在花都开发的大型住宅小区。该楼盘为多家中介行联合代理，销售竞争压力大，为在短期内提升销售额，中原采取一二手联动销售，全力发动物业部同事带客到项目，并深入培训物业部同事，使其具备独立销售的能力。同时实行以项目辐射区为主，广州相对较远的其他区域为辅的策略，对花都、白云区域精耕细作，深度挖掘这些区域的刚需客户资源。御华园于2012年3月中旬开盘，在约两个月时间内，中原独立成交 200 余套，成交金额逾 1.3 亿元，成交量远远领先于其他代理行。

■ 珊瑚天峰

“珊瑚天峰“位于番禺，由和记黄埔地产开发。项目在 2012 年 4 月开盘前曾封盘 4 个月，导致成交挞定，客户流失。当得知解封销售计划时，如何在短期内迅速找到目标客户促成交易成为关键。中原利用分行客源广泛的优势，在分行设点储备客源，了解客户的购买诚意，在规定的 4 天内蓄到了充足的客源；进而采取夜晚封闭式开盘销售的策略，成功促成客户成交。3 天开售期中原独立成交逾 200 套，成交金额逾 5 亿。而截止 5 月 21 日，中原共销售 235 套，金额超 5.5 亿，在售货量所剩无几。

■ 罗马家园

“罗马家园“项目位于海珠区南洲路88号，为珠江地产开发的大型住宅社区。项目销售当期共552套新房源，受限购政策影响，市场反应不大，开发商储客量偏低，距离开盘仅一个月时，中原代理介入，全面推行一系列的线上线下推广活动，并利用中原豪宅楼盘数据库不断进行客户挖掘，拓宽宣传渠道，有步骤地开展宣传推广，同时启动一二手联动，逐步形成“以海珠为核心，不断向外区强势铺开”的大范围推广局面，短期内中原筹备到充足的客源。5 月 1 日正式公开发售当天共销售 300 多套，成交率接近 60%，总销售金额突破 4 亿。

■ 君汇上品

“君汇上品”项目位于海珠区江南大道北，是香港佳兆业集团进入广州的首个住宅项目。项目开售前期，受房地产政策调控，以及 2011 年底银行信贷趋紧的影响，客户整体观望情绪浓厚，加之周边竞争对手先入市截流客户，前期销售困难重重。中原项目组提出解决对策：举办外展以提前储客；开盘后，通过逐步收回开盘折扣，以老带新活动、现场逼定折扣、重要节日（春节、情人节、三八节等）专场活动优惠等形式促使新旧客户成交。于 2012 年 1 月 1 日项目以 22000 元 /（带装修）价格开盘，2012 年 6 月份完全售罄。

■ 中惠・璧珑湾

“中惠・璧珑湾”位于南沙凤凰大道与进港大道交汇处。由于该项目以大户型居多，客群面较窄。为充分蓄客，开售前仅 22 天的时间里，中原提出“营销前置”。即针对南沙购房客群特征，重点于天河、海珠、越秀三区进行长达 50 天的巡展及配合大规模派单，迅速提升了开发商品牌知名度。并提出“透支未来”概念，重点强化南沙未来发展前景，吸引更多的改善型自住客户，在南沙各楼盘价格战四起，“5”、“6”字头盛行的环境下，项目以 8300 元 / 的价格开盘，当天销售 80%，半个月基本售罄。

广州中原代理广州市花都区 新鸿基·御华园

广州中原代理广州市番禺区 和记黄埔·珊瑚天峰

广州中原代理广州市南沙区中惠·璧珑湾

广州中原代理广州市海珠区 珠江地产·罗马家园

广州中原代理广州市海珠区佳兆业·君汇上品

三、专业形象（2011—2012 年）

2012 年 5 月，广州市房地产中介协会举行了继续教育课程评比颁奖仪式。广州中原企业培训部高级主任黄凤雯以学员评分最高，荣获中介协会继续教育“最受欢迎讲师”，并以《房地产基础知识》课程荣获中介协会继续教育课程评比“最受欢迎课程”大奖！

2011 年 9 月，广州中原地产与广州市土地房产管理职业学校强强联手，创立了首届房校中原班！为了让中原班的学生能学到专业全面的知识，同时培养同学们的策划与执行能力，我们精心准备了一系列的培训课程与技能活动。同时，我们还特别设立了中原班奖学金，以鼓励表现出色的中原班同学。相信通过学习与锻炼，各位中原班的同学在今后定能表现出色，成为房地产界的精英人才！

2011 年 9 月，中原地产精英会前往深圳海滨东冲举行业务经验交流会。这次交流会主题是“垄断二手，爆数一手”。中原精英同嘉宾的参与度都非常高，各抒己见，交流经验，分享的内容非常给力，火花四射，张力十足！

2011 年 8 月，中原地产首届“中原之星”选拔赛启动。此次选拔赛旨在深化中原品牌效应，加强员工素质培养，提升员工标准化形象，增强员工文明礼仪服务意识，全面提升员工的整体服务水平，从而巩固广州中原的专业形象。此次选拔赛，除了选拔优秀形象代言人，也进一步提升了员工的综合素质，为广大市民提供更优质的服务做好准备。

2011 年 3 月，广州中原为响应政府遏制网签报低成交价的问题，领头规范行业，特别制作“严打网签报低价”的海报，张贴于辖下所有分行门面，用于提醒广大客户：政府严打报低价，秋后算账损失多。一直以来，中原地产积极响应政策，贯彻买卖透明，网签实行以来，网签数量一直领先行业，并始终致力为客户提供优质诚信服务。是业内唯一连续 9 年获广州市工商行政管理局颁发“守合同重信用企业”称号的公司。

广州中原课程获得“最受欢迎课程”大奖

中原班特设的奖学金

首届房校中原班正式成立

中原地产首届“中原之星”

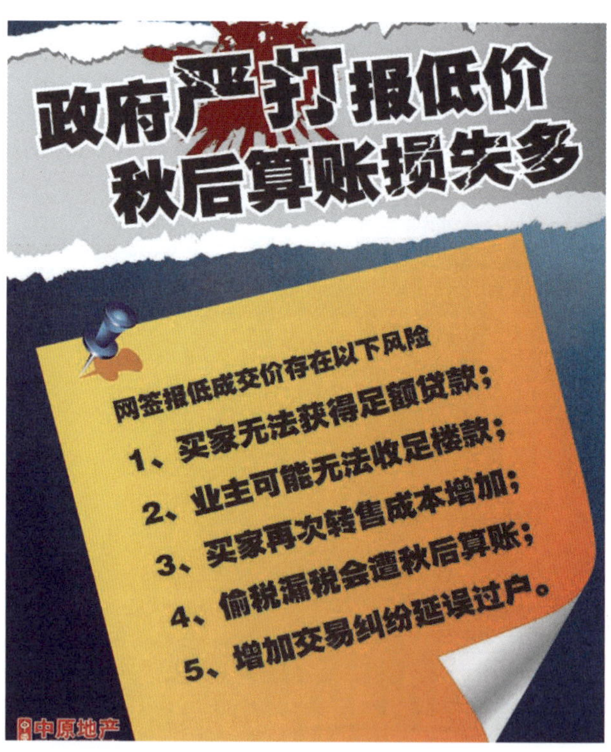

广州中原网签报低价警示海报

四、企业文化（2011—2012 年）

■ 人才培养

公司一直以来都十分注重培养人才，并于 2004 年成立了广州中原精英会， 该精英会由物业部杰出营业员及营业主管组成，以“精英求精”、“培育群英”为宗旨，通过举办各类培训课程及交流活动，让成员聚首切磋，互相交流工作中的实战经验，以提升业务能力和个人素质。

2012 年 7 月，广东中原 2012 届精英会迎来了一年一度的奖励旅游，众精英前往到有泰国曼谷、芭提雅、象岛，展开为期六天的“泰”美丽之旅。气派非凡的“大皇宫”、神圣的“玉佛寺”、新奇有趣的“骑大象”等等，酣畅淋漓的活动让精英们无拘无束地尽情开怀游玩；蓝天白云、清澈海水、悠闲沙滩，轻松的环境也令精英们瞬间忘却工作繁琐。经过这次无忧的休假后，相信精英们定能精力十足地重新投入到工作中，继续爆数连连！

2012 年 4 月，2011 届精英会迎来了本届精英会的收篇活动——从化流溪河、文轩苑 2 天拓展。在拓展活动中，一系列拓展项目与一场活力十足的野战使精英们达到了“磨练意志、陶冶情操、完善人格、熔炼团队”的目的。精英们不仅在技能和心理上得到了锻炼，还深刻体会到了团队配合的重要性，用最好的精神面貌应对未来的工作！最后，精英们在文轩苑温泉得到了充分的舒缓。既放松了身心，也奉行了精英会 “精英求精、培育群英”的宗旨。为 2011 届精英会全年活动划下美丽的句号！

2011 年 12 月，为增强精英们的实力，加强粤港联动成交能力，2011 届中原精英会特别筹划了“粤港交流，精英汇聚”香港交流会，以开阔精英们的眼界和扩大销售空间。交流会中，精英们参观了“天晋”、“天赋海湾”、“ 御门”以及“深湾 9 号”4 个主打楼盘。在香港同事的热情介绍下，精英们对楼盘详情有了较深入的了解，也多了一份带客来港成交的希望，以期实现深层次的港粤互通。

2012 届精英会“泰”美丽之旅

2011 届精英会从化流溪河拓展活动

2011 届精英会粤港交流活动

■ 文化活动

2012 年 7 月，广州中原地产举行了“伦敦奥运，助威中国，中原为中国健儿加油”的活动，广州中原地产各分行踊跃参与，齐齐接力为中国奥运代表队呐喊助威。通过该活动一方面唤起了员工心灵深处的竞技、拼搏精神，另一方面亦增强了员工内部的凝聚力。于此同时，广州中原地产在官方微博也举行主题为“伦敦奥运，助威中国”的有奖转发活动，自活动开展以来，已引起了非常多粉丝的关注。进一步提高了广州中原的知名度。

2012 年 2 月 17 日，广州中原于东方宾馆会展中心举行第 18 周年年会庆典。庆典当天，广州中原近 3000 员工参与了这一盛会，可谓热闹非凡。“龙腾飞跃十八载 携手中原创未来”，中原地产在广州稳步迈过 18 个年头，而一年一度的庆典盛会之上，为了回馈员工一年来的辛勤付出，中原地产准备了精彩绝伦的节目，现场迎来一浪又一浪的高潮。此外，中原地产还设置了抽奖环节，多名幸运儿满载而归。

2011 年 12 月，广州中原营运支持中心第三季季会在以园林为主题的芳村宝蜜园大酒楼举行，主题为“开心聚餐 共同成长”。季会上对表现杰出的精英助理和年度优秀内训师进行了奖励；临近圣诞节，筹委会还别出心裁在现场派巧克力作为“窝心小礼物”。

2011 年 11 月，中原地产后勤全体员工 500 多人集体外出旅游，进行为期两日一夜主题为“感恩中原，触动心弦”的清远狂欢之旅。在此次离岸活动中，星级的抽奖，星级的中奖率，星级的酒店，都紧紧触动了各位后勤同事的心。我们感谢公司对后勤工作的全力支持，感恩公司在现在如此暗淡的市场环境中，仍然给我们一个稳健、安全的家！

2011 年 10 月 26 日，中原地产大排筵席，宴请前线精英。当晚，中原地产华南区总裁赖国强、广州中原董事总经理黄轩明出席了晚宴，为在项目联动中表现出色的团队颁奖。晚宴除了表彰优秀的团队，还准备了丰盛美味的晚宴和精彩的活动游戏。

2011 年 9 月 1 日，迎来了一年一度的中原日活动，本届中原日的主题是——“原”来一家人，广州中原特别企划了一个命名为“中原心”的小活动。“中原心”是由全公司各分行、各部门的大合照拼贴而成的，它是广州中原的“全家福”，寓意着广州中原的全体同事都是一家人，彼此心连心。

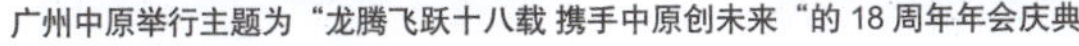
广州中原举行主题为“龙腾飞跃十八载 携手中原创未来“的 18 周年年会庆典

中原邀你一起与奥运助威活动

广州中原汇峰分行为中国健儿加油助威

2011 年广州中原营运支持中心第三季季会

2012 广州中原后勤离岸活动

中原地产大排筵席表彰优秀的团队

“中原日”——中原家人自己的节日

广东中原地产代理有限公司

五、社会责任（2011—2012 年）

2011 年，广州中原精英会和慈善团体“乐助会”合作，为韶关新丰县两所山区小学，资助建立两间新的图书室。2012 年 3 月，为了更好地了解中原图书室的使用情况，广州中原和乐助会进行了一次回访。精英会让爱心传承下去，汇聚成了知识的海洋，帮助有需要的同学们学习到更多的学科知识。

2012 年 1 月，为将全公司员工的爱心礼盒亲手赠送给灾区的小朋友。2011 届精英两位会长和两位筹委更代表中原及精英会同中介协会会长迎着腊月的严寒亲赴四川进行“献爱汶川，倾情回访”的献爱活动。亲手将我们的爱心送到小朋友的手中。中原精英将自己的爱心化成一个个爱心鞋盒，将彼此的爱跨越地域，连成一线！

2011 年 11 月，由中介协会牵头，倡议各地产中介为汶川地震灾区小朋友和广州康复实验学校的小朋友送上新年“鞋盒”礼物。一向热心于慈善公益的精英会知悉后积极支持！一口气捐出 500 多个爱心鞋盒，成为众地产中介之最。

2011 年 10 月 28 日晚，“让我们住的更好”2011 中原地产全国高校摄影大赛（华南区）颁奖典礼在中山大学怀士堂隆重举行。北京师范大学珠海分校王国维同学、深圳职业技术学院朱凯迪同学、中山大学蔡斯淙同学，分别获得 3000 元现金。另外亦有来自其他不同高校的 50 名同学获得入围奖。中原地产还现场捐献万余元给北京理工大学珠海分校患有尿毒症晚期却又无力支付治疗费的姜国权同学。

“献爱汶川，倾情回访”活动

2011 届精英会爱心鞋盒送赠活动

广州中原精英会和慈善团体“乐助会”
为韶关新丰县两所小学建立的两间新图书室

中原领导赖国强先生为 C-HOME 摄影大赛
华南区最佳作品奖获得者颁奖

六、行业地位（2011—2012 年）

2012 年，中原地产再次通过了“守合同重信用”的企业评选，连续 9 年获得广州市工商行政管理局颁发“广东省守合同重信用企业”称号，成为行业内唯一连续 9 年获得该称号的企业。今年已是中原地产进驻广州的第 19 个年头，多年来，广州中原在职业操守上从没有丝毫的松懈，也得到广大客户的信任与支持。同时，恪守己任，引领行业健康发展。

广州中原被授予 2011 年度“诚信示范单位”荣誉称号。该称号由中国质量监督促进工作委员会授予，并颁发荣誉牌匾及资格证书。主办方在全国性媒体上公布名单，并大力宣传、推广获奖单位的先进经验，引导广大企业学习先进的质量管理模式，推进企业水平的整体提高。

2012 年 2 月 15 日下午搜房网在亚洲国际大酒店举办 2011 年经纪人颁奖典礼，此次盛会在热闹气氛环境下圆满结束。广州中原荣获“2011 年广州最具品牌影响力房地产中介公司”，另外分别获得“2011 年金牌经纪人”、“2011 年区域金牌门店”、“2011 年度片区金牌门店”、“2011 年度广州写字楼专家”、“第六届中国房地产经纪人大赛广州赛区女子十佳”奖项。

广州中原荣获“2011 年度广州写字楼专家”

广州中原连续 9 年荣获“守合同重信用企业”称号

广州中原荣获“2011 年广州最具品牌影响力房地产中介公司”

广州中原荣获“2011 年度诚信示范单位”称号

七、未来发展

2012 年春节之后，楼市调控环境趋向利好，广州住宅市场的成交气氛也逐渐改善；尤其是在 5•1 之后，购房者入市的积极性明显提高，对于 2012 年下半年以及 2013 年楼市，我们审慎乐观。基于这一判断，广州中原将在 2011 年“开源、稳健”的基础和经验上，采取更加“求进、积极”的策略。

2012 年，广州中原整体经营效益比 2011 年大为提升，我们将投入更多资源抢占市场。对内，我们提高员工薪酬，增进员工归属感和拼搏精神；对外，我们将扩大一手代理队伍，利用 2011 年打开的良好局面，在 2012、2013 年更进一层——和更多的大房企建立更紧密的伙伴关系，创造出更多既有社会效应又有业绩成果的热销楼盘；二手业务，我们将适度增加地铺数量，使中原在广州市区甚至郊区的业务覆盖更广、更细，继续巩固行业领先地位。